Heuberger Sven

Digitale Kulissen

Wie Digitalisierung und künstliche Intelligenz unser Leben beeinflussen

- Essays -

Digitalisierung

Soziale Bindungen

Krypto Überwachung

Simulationshypothese

Transhumanismus

Grenzen der Wahrnehmung

Sanfter Totalitarismus

Transzendenz des Seins

Technik und Zyklik

Sozialkreditsystem

Bewusstsein

AF191519

Für Erik

IMPRESSUM

Bibliografische Information der Deutschen Nationalbibliothek:

Die Deutsche Nationalbibliothek verzeichnet diese Publikation in

der Deutschen Nationalbibliografie; detaillierte bibliografische

Daten sind im Internet über dnb.dnb.de abrufbar.

Die automatisierte Analyse des Werkes, um daraus Informationen

insbesondere über Muster, Trends und Korrelationen gemäß §44b

UrhG („Text und Data Mining") zu gewinnen, ist untersagt.

© 2024 Sven Heuberger

Verlag: BoD • Books on Demand GmbH, In de Tarpen 42,

22848 Norderstedt

Druck: Libri Plureos GmbH, Friedensallee 273, 22763 Hamburg

ISBN: 978-3-7597-5152-2

Inhaltsverzeichnis

Als wir uns wieder trafen, nach so vielen Jahren, mein lieber Freund, war meine Seele wieder frei.

Innere Integrität

Es gibt eine innere Integrität, diese innere Integrität sieht sich täglich vielfachen Korruptionsversuchen ausgesetzt. Wir verlieren unsere innere Integrität aus Angst und aus Bequemlichkeit. Wir folgen den äußeren Zwängen aus Gründen der täglichen Routine. Wir übersehen die Einzigartigkeit unseres Daseins, welche sich am Scheidepunkt des Hier-seins zwischen Leben und Tod zeigt.

Es gibt zwei Arten von Möglichkeiten den unfreiwillig auferlegten Ketten zu entkommen: den Glauben an Gott und den Glauben an die eigene Erlösungskraft. *Dort wo sich beides verbindet handelt der Mensch als zeitliches Ebenbild Gottes.*

Erzählten wir Gott von unseren Plänen, so würde er lachen, so das Sprichwort.

Liegt jedoch unseren Plänen eine Synergie zwischen dem Hier und Jetzt des handelnden Menschen und den immerfortwährenden Kräften Gottes, welche sich in ihrer Verwirklichung zu einer Einheit verbinden, zugrunde, dann handelt der Mensch *wirkkräftig*.

Von der Freundschaft

Im Zuge der Digitalisierung von Lebensbereichen, begannen die Menschen damit, ein Spiegelbild ihrer Selbst in einem virtuellen Raum zu erzeugen.

Voraus ging eine Abspaltung der sozialen Beziehungen auf Basis von räumlicher Distanz. Historisch betrachtet war es zunächst so, dass man seinen Freund persönlich aufsuchen musste, um mit ihm sprechen und interagieren zu können. Dann tauchte der Brief auf, der es ermöglichte während einer längeren Zeit der Distanz sich einander mitzuteilen. Während dieser klassischen Epoche stand das persönliche Gegenüber stets im Vordergrund, aber auch das *gemeinsame Erleben der Welt. Das Abenteuer, unter Menschen welches unserer Existenz die Würde verleiht und ihr einen magischen Glanz verleiht.* Das gemeinsame Erleben unter Freunden ist eines der Kernelemente der charakterbildenden Bausteine des Lebens. Die Freunde spiegeln sich einander, entdecken ihre Stärken und Schwächen und überwinden zusammen Hindernisse, die jeder für sich allein niemals überwunden hätte. Historisch gibt es eine Vielzahl von Mustern und Vorbildern, die dieser Stufe des Seins einen kulturellen Rahmen gaben: die Schulfreunde, die Nachbarfreunde. An diesen Beispielen hängt noch nicht der ideologische Überbau der ideell geprägten Jugendbewegungen. Die Prägephase des gemeinsamen Erlebens bildet den Grundstein für abwägendes Verhalten der späteren Erwachsenen. Da hier am eigenen Leib Euphorie und Niederlage, aber auch loyale Freundschaft, Demut und Sieg erlebt werden können, indem der Körper alle jene Stoffe ausschüttet, die Glück verheißen. Niemand kann ihn vergessen den Tag als der beste Freund ihn verriet und niemand kann die Tränen zurück halten, als man vor der anklagenden Autorität für den besten Freund log und sich dessen nicht schämte, man ihn doch gerettet hatte, den Seelenverwandten. Gemeinsames Erleben erzeugt die Freundschaft,deren Wert die antiken Philosophen noch weit über den der Liebe zwischen Mann und Frau stellten. Jemand der ohne Freunde bleibt, seien sie verschwunden oder tot, befindet sich *auf verlorenen Posten*. Dieser wird gehalten bis zum Fall. Die Freunde entdecken in der Jugend die Gefahr, die Freude und das erste Glück außerhalb des Hauses, in dem Vater, Mutter und Geschwister das erste Glück gaben. Somit ist das gemeinsame Erleben und Entdecken ein Initiationsprozess der durchlaufen werden muss, um im späteren Leben Erkrankungen der Psyche zu vermeiden und die Annahmefähigkeit von Bindungen zu erlangen. Es kommt zu Schlüsselerlebnissen, die in späteren Lebenskonflikten eine fundierte Grundlage zum Treffen von Entscheidungen werden. Ein Mangel oder Nichterleben von gemeinschaftlichen Erlebnissen mit Freunden, führte mithin zu einer späteren *Entscheidungsschwäche*, da die autoritäre Entscheidungsmacht von Vater und Mutter nicht durch den Aufbau eines eigenen Geflechts von dem was man selbst als "Gut und Böse" *erkennt und fühlt*, abgelöst werden kann. Erkennen und Fühlen als zusammenfließende Ströme des Verstandes und der Seele. Hier steht noch im Einklang was zu oft separiert wird.

Es wird erkannt, dass der andere in Gestalt des Freundes einen selbst annimmt, aber nicht auf die gleiche Art und Weise wie dies Mutter und Vater tun in ihrer bedingungslosen Liebe. Sondern der Freund erkennt einen an, *weil man ihn auch anerkennt*. Weil die gleichen Vorstellungen bestehen was man tun würde und was nicht. Die Freundesliebe ist nicht bedingungslos, sie hat zur Voraussetzung eine Anerkennung und Achtung eines Gegenüber. Aber in ihr ist auch der Grundstein gesetzt für eine geistige Entwicklung, ein gegenseitiges Aufschaukeln, ein Beflügeln der Ideen. Enden Freundschaften doch immer, wenn die Favoriten der Beschäftigungen auseinander gehen, wenn der eine Fußball spielen will und der andere Flieger basteln will. Somit muss es für Freundschaft eine gegenseitige, geistige Interessengrundlage geben, weil in einer Freundschaft immer eine Entwicklung des Geistes und des Körpers mit inbegriffen ist, welche im Laufe der Zeit ihre Richtung ändern kann. Wobei eine einmal fundierte Freundschaft nicht notwendigerweise bricht, wenn einer oder beide verschiedenen Beschäftigungen nachgehen. Ist die Freundschaft tief, dann werden sich die Freund abseits ihrer anderen, neuen Beschäftigen extra treffen, um ihren alten Spleen weiter zu folgen. Mögen die Freundschaften auch die Ehen und Kriege überdauern, am Ende sind es die alten Gesellen, die am Tische zusammen sitzen, dann werden sie von früher erzählen, und die Freundschaften werden sich vergeistigen. Je älter eine Freundschaft wird, desto mehr wandert diese ins Geistige ab, da dort die *magischen Momente des Lebens* noch greifbar sind. Man vergisst sie nicht, die Nacht in der die Freunde, fünf an der Zahl, sich hinausschlichen in den verbotenen Wald, während Vater und Mutter schliefen, um dann mit Taschenlampen im nächtlichen Wald im Juni den Flug der Leuchtkäfer zu beobachten. Und am nächsten Tag, gab es dann ein Geheimnis, *und dieses war heilig und wir es für immer bleiben.*

Limitierung des gemeinsamen Erlebens

Mit Aufkommen der Festnetz Telefonie wurde erstmals ein Treffen unter Menschen auf die Stimme reduziert. Am Telefon gab es kein aktives gemeinsames Erleben mehr. Trist und traurig das Bewusstwerden einer weiten räumlichen Distanz zu dem Menschen, den man mag, weil man ihn vom gemeinsamen Erleben her kennt und vermisst. So blieb das ersehnte Versprechen eines baldigen Wiedersehens und die frohe Hoffnung auf neue gemeinsame Erlebnisse,sowie bei den älteren Semestern das Schwelgen in Erinnerungen der alten Abenteuer.

In diesem Zeitalter, das doch einige Jahrzehnte währte, beschleunigte sich der Takt der Impulse. Auch der Takt der unbefriedigten Impulse. *Denn eine Balance aus Gemeinschaft und Einsamkeit macht uns erst zum Glück fühlenden Menschen.*

Ein Kind empfindet die Welt als eine Ganzheit. Alle lieben Menschen sind immer in *greifbarer* Nähe. Die Einheit der Gemeinschaft, deren Erspüren wir alle als Erwachsene bereits entfremdet sind, äußert sich in der Welt der Kinder noch unmittelbar. Fehlt Mutter, Bruder,

Vater oder Großvater, so stellt sich ein Mangel ein. Das einheitlich Ganze wurde beschädigt und das Kind ruft nach seiner Wiederherstellung. Wo ist Opa? ‚wenn dieser gestorben ist; oder wo ist Papa? ‚z.B. nach einer Trennung der Eltern. Lässt sich die Ganzheit nicht wieder Herstellen, so wird die neue Realität als unvollständiger erlebt. Der alte greifbare Kontakt wurde unerreichbar oder existiert nebenher in der Distanz weiter. Es wird versucht an den Bruchstellen Ersatzpersonen einzufügen, die jedoch niemals die alte Ganzheit wieder herstellen können.

So ist das Leben a priori der Verlust der ursprünglichen Ganzheit der Welt hin zu einer zersplitterten, zerbrochenen Welt. Insofern ist jeder Mensch eine *Brücke*, so ist er doch fähig für den eigenen Nachwuchs eine anfängliche Ganzheit herzustellen, während er selbst von dieser bereits weit entfernt ist.

Die Zersplitterung der Ganzheit in ihre Fragmente ist Schicksal, jedoch ist sie auch eine Aufgabe zur Meisterung. Denn die digitale Welt der 2000er Jahrzehnte bietet eine Fülle von Möglichkeiten der Sehnsucht nach der

Ganzheit, die sich traditionell in der Gründung einer eigenen Familie materialisiert, auszuweichen und die Sehnsüchte von der Realität in die virtuelle Welt abgleiten zu lassen. In dieser virtuellen Welt stellen sich die menschlichen Emotionen als Fragmente dar. Als Ersatz für reale Emotionen, damit wird die Sehnsucht nach der Ganzheit entmaterialisiert und baut sich in einer virtuellen Scheinrealität wieder auf. Die Facetten der inneren Welt flackern in der digitalen Welt losgelöst von sich selbst. Sie verlieren sich in Nullen und Einsen, in Ziffern.

Das andere Ich

Im Zuge der Digitalisierung der Lebensbereiche begann die Zurschaustellung eines Avatars, eines Spiegelbildes des Menschen im Internet. Der Avatar entwickelt sich aus Facetten einer Spiegelung. Zu dem Zeitpunkt dieser Niederschrift, 2024, ist der Avatar noch nicht vollständig in der digitalen Welt materialisiert. Verschiedene Faktoren verhindern dies gegenwärtig noch.

Von Bedeutung ist, dass eine digitale Zuordnung, beliebig oft erzeugt werden kann; da digitale Abbilder jederzeit kopier- und erweiterbar sind. Deshalb gibt es noch keine eindeutige Zuordnung. Person A ist nicht auch nur und ausschließlich Person A' in der virtuellen Welt. Dies führt zu einer Asymmetrie der Spiegelung in der virtuellen Welt, da die die Individuen der Realität überwachenden Instanzen und Gatekeeper in der virtuellen Welt mehrere digitale Abbilder gesuchter Personen vorfinden, was die reversible Kontrolle und die Standortüberwachung (Tracking) erschwert. Denn die überwachenden Instanzen trachtet nicht nur nach der Überwachung des

Individuums in der Realität, sondern auch nach der Überwachung in der virtuellen Welt.

Die *Zeit*, die ein Individuum in der virtuellen Welt verbringt, nimmt im Prozess der Digitalisierung der Lebensbereiche stets zu.

Hier gilt es mehrere Blickwinkel im Auge zu behalten.

Individuum A spiegelt sich in der digitalen Welt.

Wir entwickeln ein Beispiel:

Zacharias erstellt eine digitale Information, indem er ein Profil auf einen sozialen Netzwerk einrichtet. Die geschaffene Information existiert. Es könnten aber auch mehrere existieren, indem der User Z, z.B. mehrere Profile erstellt, die hier als Grundlage mehrere Telefonnummern als Zugang erfordern würden, was aber in der Anonymität der virtuellen Welt zunächst nicht sichtbar wird.

Nunmehr existiert das Profil in der virtuellen Welt fort, es existiert parallel zur Existenz des Users Z. in der Realität, quasi als ein Begleiter. Ab jetzt kommt es zu Rückkopplungen aus der digitalen Welt in die reale Welt.

Denn das erstelle Profil besitzt ein künstlich geschaffenes digitales Leben, indem es, einem Automatismus unterworfen, mit anderen Profilen in Kontakt tritt. Das heißt es erfolgt eine Rückkopplung, die automatisch ausgelöst wird. Durch die ständigen Rückkopplungen (man verstehe darunter etwa automatische Informationen der Art "Kennst du den?" oder "Kennt der dich?" oder auch Likes, Dislikes oder auch von anderen Usern verfasste Kommentare) wird der User Z. ständig von der Realität in die virtuelle gerissen und sein Selbstbild wird in zunehmenden Maße von digitalen Impulsen beeinflusst werden. Nachdem die virtuelle Realität mit Emotionen aufgeladen werden kann ("eine lustige Nachricht", "ein Flirt als Chat") entsteht zu dem Mittler ,in diesem Beispiel ist das Smartphone gemeint, ein *obsessives Verhältnis.* Am Beispiel des Smartphones wird die geistige Aufmerksamkeit in getakteten Abständen auf die virtuelle Welt gelegt, da der User Z. ja das Smartphone in die Hand nehmen und beginnen muss mit dem Human-Maschine Interface (HMI) zu interagieren. Der User Z. wird zum *Springer zwischen Realität und virtueller Welt*, zu einer Schnittstelle, die Ereignisse der virtuellen Welt ziehen ihn an sich. Wir sprechen hier von Ereignissen, die nach Aufmerksamkeit verlangen, sobald sie übermittelt wurden. Zum Beispiel das Einsteigen in einen Chat mit einem anderen User. Zu diesem Zeitpunkt könnte man sagen, dass das Profil analog gesteuert werden muss. Es sind aber zwingend die Interaktionen anderer digitaler Akteure notwendig, da nur diese fähig sind, eine den menschlichen Geist ansprechende emotionale Aufladung zu erzeugen. Wenn User Z. wüsste, dass sein Smartphone ihm ausschließlich maschinell generierte Benachrichtigungen anzeigen wird, dann wäre das Smartphone keinesfalls von so großem Interesse für ihn.

Zur emotionalen Aufladung in Chats werden Emojis verwendet, die Surrogate für menschliche Emotionen sind und deren virtuelle Funktion übernehmen.

Dem Smartphone wird nachgesagt ein Übergangsprodukt zu sein, da der Kontakt User zu virtueller Welt nur getaktet, aber nicht dauerhaft aufrecht erhalten werden kann. Um 24 Stunden am Tag in der virtuellen Realität zu verbringen fehlt noch die entsprechende Mensch zu Maschine Schnittstelle.

Jedoch kann das Smartphone als eine Erweiterung in die digitale Welt, als ein digitales Spiegelbild der Person selbst gesehen werden. Die Person selbst kann sich unzählige Male in die virtuelle Welt spiegeln. Sie kann dort Archetypen nach eigener Vorstellung erzeugen, denen es in der Realität nicht gleich kommen kann. Insofern ist die virtuelle Welt auch eine Traumwelt und eine Fluchtwelt, in der die Gesetze der Realität nicht zu gelten scheinen. Somit besitzt die virtuelle Welt das Potential einer Droge.

Viele können sich noch an die Anfänge der Digitalisierung erinnern; etwa an Computerspiele wie Space Invaders oder Commodore, Amiga oder die ersten Spiele auf dem PC. Natürlich waren es damals die Teenager, die diese neue Welt als erste in Besitz nahmen. Doch ich erinnere mich noch gute an die alte "vor PC" Generation, der ein Detail sofort auffiel. Die jungen Leute waren, wenn sie sich mit dem Computerspiel beschäftigten auf eine eigene Art und Weise *geistesabwesend, unan-*

sprechbar. Quasi eine Wirkung wie man sie damals nur von Drogen kannte und diese Art der Freizeitbeschäftigung sogar verbieten wollte. Auch heute, im Jahre 2024, ist die Computerspielsucht noch weit verbreitet. Jedoch hat die digitale Krake mittlerweile auch das reale Leben umschlossen, was zu einer Vielzahl von Problemen geführt hat.

Was aber steckt hinter dem Schema der Interaktion Mensch - Maschine? Es scheint so etwas wie ein Spannungsverhältnis zu sein. Steigen wir tiefer ein, eigentlich ist es ganz einfach. Meiner Ansicht nach ist es eine verlagerte Form des Wettkampfs zwischen Gruppen und Einzelpersonen.

In der Anfangszeit der Digitalisierung, nehmen wir einfach die Zeit des Commodore C64, gab es viele Computer begeisterte, die den Ablauf der Computerprogramme wirklich bis ins tiefste Detail verstehen wollten, um eventuell auch Programmierer werden zu können.

Eine Mensch - Computerinteraktion ist die Interaktion zwischen einem Spieler und dem Gedankengebäude von mehreren Programmierern. Die Programmierer erschaffen eine Welt und in einem Computerspiel gibt es auch ein *Spielziel*. Dieses Spielziel wird erreicht, sobald der Spieler die vorgegebenen Aufgaben gemeistert hat. Der Spieler hat also nach dem Durchlaufen des Handlungsstranges eines Computerspiels die Hindernisse, Fragen, Geschicklichkeiten der Gegenseite der Programmierer bewältigt und eine Prüfung, die von Menschen erdacht wurde, bestanden. Scheinbar sind solche Spielvorlagen anziehend. Einfach nur deshalb, weil Wettkämpfe Spaß machen und zum Menschsein seit Jahrtausenden gehören. Sowohl im Mannschaftssport in Teams gegeneinander als auch in der digital extrahierten Form. Wobei digital natürlich kein Schweiß fließen muss.

Kurz gesagt, die Schnittstelle Spieler - Spielsteuerung - Computerspiel ist letzten Endes ein Wettkampf den Menschen gegeneinander austragen. Nur dass die Gegenseite, also die Programmierer, gar nicht persönlich anwesend sind, da sie ihre digitale Spielwelt maschinell simulieren lassen. Doch ihre Schöpfergeister sind dennoch anwesend und beleben die Simulation.

Die digitale Überwachung

Überwachungs- und Kontrollorgane benötigen mehrere Voraussetzungen für eine digitale Überwachung. Doch vor allem: Eine eindeutige Identifizierung des Users.

Doch wie könnte eine eindeutige Identifizierung eines Users aussehen?

Zuerst müsste die Voraussetzung geschaffen werden, dass jeder User **nur eine digitale Identität** erhalten kann. Es gibt bereits mehrere Mechanismen, die etwa Ausweisdaten und digitale Daten zuordnen können. Aber eine eindeutige Zuordnung könnte zum Beispiel ein biometrisches Körpermerkmal sein: ein Gebissabdruck, ein Fingerabdruck, ein Gesichtsscan oder eben im aktuellen Fall, 2022, ein QR Gesundheitscode wie im Fall einer weit verbreiteten und teilweise zur Teilnahme am öffentlichen Leben notwendigen Impfung. Es geht im westlichen um die biometrische Erfassung aller Menschen zur deren Erfassung und Kontrolle. Natürlich sind alle Einwohner eines Landes in Registern eingetragen, da dies bei Geburt geschieht. Jedoch sind diese administrativen Machtmittel in vielen Ländern nur unzureichend entwickelt, z.B. Länder ohne Meldepflicht wie Frankreich, bzw. auf die nationalen Grenzen beschränkt.

Die Erstellung von biometrischen Merkmalen kennen wir bereits vom Ausweis- und Passwesen. Aber mit der Digitalisierung im Sinne eines z.b. Gesundheits- QR Codes werden die biometrischen Daten zum einen globalisiert, da die Daten in schwer greifbare digital Cloudservern wandern und dort von unbekannten Administratoren verwaltet werden. Die nationalen Regierungen geben es offiziell zu, indem sie sagen, dass niemand wisse, was mit den Daten genau passiert. Die Daten werden der Kontrolle des Individuums und sogar der Nationalstaaten entzogen.

Zum anderen werden die Daten im Gegenzug, quasi als Win-Win Situation, den Regierungen zum beherrschen der Tagesabläufe des jeweiligen Volkes zur Verfügung gestellt. Die sozialen Interaktionen der Menschen können ab diesem Zeitpunkt von externen, global agierenden Datenadministratoren beobachtet, analysiert und gesteuert werden. Von absoluter Zurückhaltung bis hin zum roten QR Code, welcher einen Restaurantbesuch oder den Zutritt zur Arbeit verhindert ist prinzipiell alles möglich. Die Anwendung von Algorithmen dient zur Verhaltensanalyse und damit zur Risikobewertung einzelner Individuen.

Sicherheitsmechanismen greifen doppelt sicher im Verbund. In China wird derzeit die Kombination QR Code Impfstatus und das digitale Abtasten des Gesichts genutzt. Etwa beim Betreten eines Geschäftes. Auf diese Art und Weise wird eine eindeutige Identifizierung der Person durchgeführt. Wobei die Doppelung der abgeprüften Sicherheitsmerkmale nur der Erhöhung der Sicherheit dient, da ein Merkmal alleine, auf niedrigerer Sicherheitsstufe, auch schon ausreichen würde.

Auf diese Art und Weise werden in der Zukunft viele Arbeitsplätze verloren gehen. Schon jetzt, im Jahre 2022, gibt es Supermärkte ohne Kassierer, werden U-Bahnen und Züge ohne Führer und Personal erprobt. Werden Schaffner durch eindeutige Identifikationsprozesse beim Betreten eines Zuges überflüssig. Durch autonomes Fahren werden alleine in den USA in den nächsten zehn Jahren mehr als eine Million Berufskraft-fahrer ihre Arbeitsstellen verlieren.

Alle Regierungen, unabhängig ihrer Namen, trachten danach. Denn Überwachung bedeutet Herrschaftssicherung und absolute Macht, sowie *ideologische Lenkung.*

Warum ergeben sich Menschen überhaupt in solche totalitären Fänge? Aus denen es möglicherweise niemals mehr ein Entkommen geben kann. Was sind deren Ursachen?

Die Ursachen sind die menschlichen Schwächen und das Ausspielen dieser Schwächen an den Menschen untereinander.

Es gibt das Sprichwort: "Technik befreit, ehe sie abhängig macht." Durch die Digitalisierung, deren Akzeptanz durch eine Mischung aus Bequemlichkeit und Spaß am Spiel zustande kam, wurde der einzelne User einer Art kumulativer künstlicher Intelligenz zugeführt. Einer künstlichen Intelligenz, die den User bewerten, zuordnen und maßregeln kann, soweit die Rematerialisierung am Ufer der Realität gegeben ist.

Beispiel: User A überweist 25000 Euro von Deutschland nach Ungarn, um sich dort einen Neuwagen kaufen zu können. Der User wird virtuell erkannt. seine Überweisung überschritt den rechtlichen Rahmen von 12500 Euro, deshalb bekommt er eine Strafe.

Oder User B hat ein Medikament bestellt, welches nicht in die Europäische Union eingeführt werden darf. Beim automatischen Röntgen bei der Luftfracht fällt dies auf und User B bekommt eine Strafe.

Bei Bewegungen in der realen Welt werden Überwachungszonen geschaffen. Vorrangig werden Ballungsgebiete überwacht. Die Überwachung findet quasi auf der einen Seite in der Öffentlichkeit oder auf öffentlichen Plätzen wie Innenstädte oder Parks statt. Aber auch die Innenräume, die öffentlich zugänglich sind, können beispielsweise mit Hilfe des QR-grünen Passes überwacht werden. Man spricht von Zugangskontrollen, das tatsächlich kontrollierte Merkmal ist jedoch die Treue gegenüber dem herrschenden System. Der Mensch soll zur Kontrolle *berechenbarer* gemacht werden. Diese Berechenbarkeit steht im Focus. Eine Art Analyse, die voraussagen kann, was ein User oder ein Individuum als nächstes tun wird. Aber auch eine Analyse seiner Bedürfnisse und Ängste. Das Resultat, welches im Regelfall einen Mangel an sozialer Anerkennung und materiellen Ressourcen ergibt, kann kompensiert werden. Nach der vierten industriellen Revolution findet diese Kompensation jedoch im virtuellen Raum statt. Dort ist es für das herrschende System billiger entsprechende Ersatzbefriedigungen anzubieten. Zum Beispiel im Metauniversum.

Es soll eine automatische Analyse der Bedürfnispyramide stattfinden, um das Individuum schon bei leichten Ausscheren durch entsprechende automatisiert eingeleitete Gegenmaßnahmen wieder dem beherrschbaren Kollektiv zuführen zu können. Es stehen alle dazu notwendigen Steuerungsparameter zur Verfügung.

Der Weg nach vorne

Wie können die digitalen und weltlichen Fesseln, welche sich mit jeden voranschreitenden Tag enger zuziehen nun zerschlagen werden?

Stärkung der Gemeinschaft in der Realität

Die Vereinzelung ("Atomisierung") der Gesellschaft muss rückgängig gemacht werden. Dieser Vorgang wird Jahrzehnte dauern und ist äußerst vielschichtig.

Die Anreizmechanismen, denen die Bewohner der des digital-weltlichen Komplexes unterworfen sind, beruhen auf einer Angstspirale, welcher eine verdeckte Meritokratie zugrunde liegt. Also jeder, der mehr *leistet* soll auch mehr Geld verdienen.

Hier fehlt noch die wichtige *Meta-B*otschaft des gesellschaftlichen Lebens. Es heißt sprichwörtlich: "Geld stinkt nicht" , jedoch wird der Wert der Arbeit von einem verdeckten Wertesystem beurteilt. Diesem verdeckten Wertesystem liegt eine asymmetrisch-proportionale Analogie zugrunde.

Also zum Beispiel Nummer 1: ein Arzt verdient mehr als ein Bauarbeiter.

Nun ein anderes Beispiel 2: Ein Arzt verdient etwa das gleiche wie ein Consultant für Wirtschaft in einem Unternehmen.

An diesen beiden Beispielen können wir sehen, dass es eine Hierarchie in der Meritokratie gibt. Bei dem Vergleich Arzt zu Bauarbeiter greift sofort der Verstand, der uns sagt: der Arzt hat eine längere Ausbildungszeit hinter sich, das Risiko ist höher, wenn er einen Fehler macht. Also ist es in Ordnung, wenn der Arzt mehr verdient. Hier ist die Hintergrundbotschaft noch etwas versteckt, lassen Sie mich etwas genauer werden.

Was kommt uns in den Sinn, wenn wir über den Vergleich Arzt zu Consultant nachdenken? Die beiden haben sicherlich beide studiert und eine lange Ausbildung hinter sich. Warum kommt es uns in den Sinn, dass der Arzt mehr verdienen sollte? Nicht jeder mag jetzt diesen Gedanken gehabt haben, aber dahinter steht der Gedanke, dass der Arzt für die Gesellschaft *wichtiger ist* als der Consultant, der sich "nur" mit abstrakter Mathematik beschäftigt.

Natürlich, der Arzt leistet einen sehr wichtigen Beitrag für die Gesellschaft, der hilft ja kranken Menschen und unterstützt entscheidend im Heilungsprozess.

Wir können festhalten, dass das Gesellschaftsbild der aller meisten Menschen einen versteckten Fahrplan im Kopf hat, der darüber richtet, wer nun für das Funktionieren einer Gesellschaft mehr oder weniger wichtig ist. Diese Werteschablonen wurden uns von den Eltern und auch von dem Schulsystem vermittelt, also von den *Lenkungsorganen der herrschenden Klasse*. Wobei die Schulen agiler reagieren, denn ein über Generationen vererbtes Wertesystem lässt sich erst dann umkehren oder kippen, wenn bestimmte Wertevorstellungen über mindestens drei Genrationen transportiert wurden. Die Schulen bilden hier den Vektor in fast alle Gesellschaftsschichten.

Also scheint es so zu sein: wir arbeiten für Geld und für einen Beitrag zur Gesellschaft. Und genau so wollen uns die Machthaber auch haben und nicht anders.

Denn nirgends kommt der Gedanke vor, dass ein Mensch für *seine eigenen Interessen* arbeiten sollte. Allenfalls in einem Festhalten an der Maxime "Aber mein Job, der gefällt mir doch", der sich letztendlich als bloße Scheinbehauptung gegen die übermächtige Realität stellt. Wir befinden uns in einem Hamsterrad aus Angst und Belohnung. Einzig und alleine die Ängste kein Geld zu haben, bzw. aus der Gesellschaft ausgeschlossen zu werden, motivieren die meisten zum täglichen Broterwerb.

Die Motivation seinen eigenen Interessen zu dienen wird im herrschenden Gesellschaftssystem in den Freizeitbereich verdrängt, also in einen Bereich, in dem kaum oder gar *kein wirtschaftliches Wachstum möglich ist*. Also soll dieser schöpferische Trieb praktisch gelähmt werden, wenn dieser sich nicht direkt an der Arbeitsstelle für die fremden Interessen entfalten kann.

Sicher sind Krankenschwestern und Ärzte wichtige Schlüsselpersonen zum Funktionieren einer Gesellschaft. Aber in einem System, welches auf Ängsten aufgebaut ist, wirkt selbst dies surreal. Denn obige Gedanken lassen sich auch auf diese Berufsgruppe übertragen.

Absolute Austauschbarkeit

Die Angestellten moderner Firmen und anderer Berufsfunktionseinheiten sind derart zu organisieren, dass jeder austauschbar sein soll. Wirklich jeder. Alles andere trägt nur zum Risikos des Unternehmens bei. Doch fühlt sich jeder Mensch in seiner Einzigartigkeit gern zuhause, so dass diese Tatsache durch geschickte Wahl netter Kollegen und auch durch eine stimmige Wahl der Positionsbezeichnungen immer elegant verdeckt bleiben soll.

Die absolute Austauschbarkeit lässt sich nur bei einer sehr kleinen Zahl von Menschen nicht umsetzen. Es handelt sich dabei um Personen, die neue Erkenntnisse gewinnen, z.B. Erfinder, Ingenieure, und so bei Jobwechsel eine Gefahr darstellen, sollten sie beginnen für die Konkurrenz zu arbeiten. Oder andere, die zum Beispiel als Künstler tätig sind und viele Fans haben. Der "King of Pop" Michael Jackson war 10 Minuten bevor er die Bühne betreten sollte war nur sehr schwer austauschbar.

Also unbewusst unterwerfen sich die Menschen einer absoluten Austauschbarkeit. Sie tun dies aus ihren Ängsten und Gewohnheiten heraus. Leider entstehen aus so einem Verhalten niemals positive Energien.

Da der Mensch ein soziales Wesen ist, fällt ihm der Gedanke schwer, sich selbst in den Vordergrund zu rücken. Er wird zwar stets vom System, in dem er sich notgedrungen befindet, zu einem sich selbst optimierenden Produkt degradiert, kann diesem Hamsterrad aber praktisch nicht entfliehen.

Warum nicht?

Es gibt zahlreiche Ratgeber. "Wie werde ich reich" .Wie kann ich mich selbst verbessern, um mehr Erfolg zu haben, etc. Die virtuellen Regale sind voll davon. Viele dieser Bücher sind Bestseller.

Der Grund ist, dass diese Ratgeber auch meist nur die Gier nach Geld oder Erfolg fördern und wie man aus Geld mehr Geld macht, anstellt die persönliche Entwicklung zu einem selbständigen Individuum zu fördern. Diese Bücher sind meist von Erfolgreichen "Sklaven" des Systems geschrieben.

Ein selbständiges Individuum erkennt die Gefängnisse und falschen Bedürfnisse der anderen sofort und weiß sie natürlich auszunutzen und reich zu werden, wobei "reich" auch einfach nur positives Wachstum von Charaktereigenschaften bedeuten kann. Doch die innere Sehnsucht eines selbständigen Individuums nach seinesgleichen, nämlich einen sich geistig-entwickelnden Menschen ist groß und zugleich verzweifelt. Denn er findet seinesgleichen praktisch nirgends.

Denn ein selbständigen Individuum hat einen viel größeren Handlungsspielraum als der Angst gefangene Mensch, da dieser nicht für Geld, sondern für seine eigene geistig-seelische Entwicklung arbeitet. Geld dient hier auch zur Förderung der eigenen Ideen und zum Investieren in neue Projekte, die stets von einem Goldhauch umweht werden, da ihnen der Geist eines Schöpfers innewohnt.

Nun soll ein kurzer Abriss der technologischen Entwicklung eingeschoben werden:

Technik – der Bruch mit der Zyklik

Technik führt Ereignisse herbei, die allein durch das Wirken der Natur nicht von selbst eintreten. Technik wirkt erhaltend für die Grundbedürfnisse des Menschen. Somit ist die unterste Stufe der menschlichen Willensbildung – der Überlebenstrieb – die Triebfeder für die Entwicklung von Überlebenstechniken. Der Fisch springt nicht von selbst ins Netz. Das Netz muss erst gewebt werden. Das Herstellen des Netzes und dessen Anwendung beim Fischen sind bereits Techniken. Da die Herstellung des Fischerbootes auch der Technik zugerechnet werden muss, ist Technik immer auch eine Kombination von Techniken, um unterschiedliche Zwecke zu erfüllen. Der Sättigungsbereich der Technik ist mit dem Überleben erreicht. Jedoch ist hier noch nicht das Ende ihrer Entwicklung erreicht. Für den Menschen endet die Anwendung von Techniken nicht durch Grenzen wie Instinkt oder Sättigung der Grundbedürfnisse. Als einziges Lebewesen der Erde baut er auf bereits vorhandenen Techniken auf und erschafft sich auf diese Art und Weise in streng monotonem Wachstum neue Techniken, die einander bedingen und sich ergänzen.

Die Charakteristika der Technik

Monotone Entwicklung des technischen Fortschritts

Im Gegensatz zu den zyklisch verlaufenden Prozessen der Natur, repräsentiert die Technik ein ihr selbst innewohnendes Fortschreiten über den Status quo. Natürliche Prozesse verlaufen zyklisch und aus diesen Zyklen wird Neues kreiert, welches wieder in einen Zyklus übergeht. Dies hat zur Folge, dass Schlüsselereignisse sich wiederholen. In der Technik ist dies niemals der Fall.[1] Die Historie der Technik enthält keine Orte zu denen es sich, aus Sicht des jeweils aktuellen Stands der technologischen Entwicklung, zurückzukehren lohne. Eine Rückkehr würde zu einer Verlangsamung der Entwicklung führen. Die Entwicklung der Technik geschieht also exponentiell, *dieses Verhalten hat sie mit der Fortpflanzungskurve der Menschheit gemein.*

Universalität der Technik

Es gibt also eine Universalität der Technik. Nicht jeder kann sie vorantreiben oder weiterentwickeln, doch alle

---

1 F.G. Jünger, Die Perfektion der Technik, Vittorio Klostermann, 1949, Kapitel 1-3.

31

gleich welches Geschlechts, Alters, Rasse oder Nationalität oder Religion können sie nutzen. Auf dieser Ebene entspricht die *Universalität der Technik der Universalität der menschlichen Sexualität*, sie hat keine Grenzen und kann in ihrem Lauf allenfalls gebremst doch niemals ganz aufgehalten werden. Zum Beispiel springt ein Bewohner einer Nation mit geringerer Entwicklungsstufe der Technik in eine weiter entwickelte Nation. So kann auch dieser dort Fernsehen nutzen oder in ein Flugzeug einsteigen. Alle technischen Entwicklungsstufen sind auf alle Menschen anwendbar und übertragbar.

Triebfeder der Globalisierung

Hier offenbart sich die Technik als Triebfeder der Globalisierung. Technik ist gefährlich in der Hinsicht, dass sie die Entstehung von Massenstrukturen begünstigt. Ursache ist also die Übertragbarkeit auf theoretisch alle Menschen, also ihre Universalität. Diese Übertragbarkeit fördert die Ununterschiedenheit und damit die Unmenschlichkeit aufgrund der zunehmenden Wesensfremdheit vom Menschen zu seinen Nächsten. Im Gegensatz dazu wird die Technik, die über die notwendigen Überlebenstechniken hinausgeht, von Massenkonstrukten forciert. Die Beherrschbarkeit der Technik wird dabei in dem Maße verloren, in welchen die *partizipierende Anzahl an Menschen zunimmt.* Dies bedeutet, dass der Mensch ausschließlich in seiner seelenlosen Gesamtheit erfasst wird. So verschlingt die Technik sich selbst, denn die angestaute Macht der Technik auf den natürlichen Zyklus birgt stets das Potenzial der totalen Vernichtung der Urheber. An die absolute Kontrolle tritt das Gegengewicht der absoluten Nicht-Kontrolle.

Somit ist Technik in Massenkonstrukten als nicht beherrschbar anzusehen.

Maßlosigkeit

Der Wirkungsgrad des idealen carnotschen Kreisprozesses sagt aus, dass es eine Obergrenze für die Nutzbarkeit der Energie in ihren Umwandlungsvorgängen gibt. Daraus folgt unmittelbar, dass es kein Perpetuum mobile erster Ordnung geben kann. Dies sagen auch der erste und zweite Hauptsatz der Thermodynamik aus.

In der Folge ist jede technische Energieumwandlung ein Verlust, da der Wirkungsgrad immer kleiner als eins ist.

Es wird also immer mehr Ausgangsmaterial verbraucht, um höhere Energieformen zu erzeugen. In der Folge verschlingt die Technik mehr als sie produziert.

Somit ist einleuchtend, dass es einen zentralen Widerspruch gibt. Es ist der Widerspruch zwischen überbordenden Verlangen nach mehr und der Tatsache, dass Verbrauch und Regeneration der natürlichen Ressourcen sich in einem Gleichgewicht befinden müssen, um nachhaltig zu sein.

Keine technische Entwicklungsstufe vermag eine unendliche Anzahl von Menschen zu versorgen. Durch seine ihm zu eigene Überheblichkeit über das Leben und die Natur wird der Techniker blind für diese Wahrheit und sägt an dem Ast, auf dem er sitzt.

Tragisch ist die Tatsache, dass technische Maßnahmen, in erster Linie zur Verbesserung der Nahrungsmittelversorgung und zur globalen Steigerung der medizinischen Versorgung beigetragen haben. Was maßgeblich dazu geführt haben, dass das natürliche Gleichgewicht gestört wurde.

Im Übrigen ist es logisch nicht vermittelbar anzunehmen, dass bei einem Wirkungsgrad der stets kleiner als eins (1) ist, etwas erzeugt werden kann, dass mehr Wert hat als vor der Umwandlung. *Die Energiebilanz aller technischen Prozesse ist negativ.*

Gesichtslosigkeit der Technik in Unternehmen

Die hierarchischen Strukturen der modernen Unternehmen bestehen aus bloßen Funktionsbezeichnungen. Die Besitzer der Wirtschaftsunternehmen haben Ängste, dass eine dieser Funktionen ausfallen könnte und somit ihren Wohlstand gefährden könnte. Deshalb besteht eine panische Angst, dass eine einzelne Person, praktisch wie ein Geheimagent in diebischer Mission, sich Wissen um bestimmte technische Abläufe aneignen könnte, um deren korrekte Ausführung *nur er* weiß. Das ist ein Risiko für das Unternehmen, denn es fühlt sich nunmehr abhängig von dieser Person, was nicht sein darf. Weniger weil diese Person mit einen USB-Stick voller geklauter Firmendaten einen Erpressungsversuch startet, sondern eher weil die Gesundheit und die weitere Lebensplanung dieser Person ein *unkalkulierbares Risiko darstel-*

len. Daher kommen die ständigen Forderungen danach, dass jeder eine Vertretung braucht, damit sich so viele Arbeitnehmer wie möglich gegenseitig vertreten können. Der Funktion darf kein Gesicht zugeordnet sein.

Ich habe schon viele Ingenieure in hohen Bogen aus einer Firma fliegen sehen, nur weil sie es gewagt hatten, bestimmte technische Aspekte so gut zu beherrschen, dass es den Eigentümern unangenehm wurde. Die Grenze dieses Vorgehens dieser Turboentlassungen bildet die Person des *Entdeckers und Erfinders*. In seiner Macht liegt quasi die Steuerung der vorherrschen technischen Tendenz, je nach Wirkkraft der Erfindung.

Der Entdecker kann den Eigentümer, sogar der größten Firma, von seinen Thron stoßen, wenn er es vermag einen neuen Pfad einer funktionierenden technischen Tendenz zu etablieren. Ich denke noch an die Überheblichkeit der Hersteller der Sofortbildkameras, damals bekannt als Polaroid. Und wie diese über kurze Zeit hinweggefegt wurden von der Digitalphotographie.

Das ist der Grund warum alle Wirtschaftsunternehmen vor allem der Hochtechnologie ein extremes Augenmerk auf die Überwachung der neu angemeldeten Patente in ihrem Wirkungsfeld betreiben. Der Verlust der Vorherrschaft kann jederzeit über Nacht hereinbrechen und der Entdecker der neuen technischen Tendenz hat, zumindest ein „Wikipedia-Leben" lang, einen Eintrag mit seinem Gesicht als Entdecker oder Erfinder. Meine Vermutung ist, dass ein Eintrag in der digitalen Wikipedia die Liegedauer in einem normalen Friedhof um viele Jahrzehnte, wenn nicht Jahrhunderte übersteigen wird.

Menschen werden sich Wikipedia-Einträge über sich und ihr Leben für viel Geld kaufen, sobald dies vielen bewusst geworden ist.

Transport des technischen Wissens

Im Unterpunkt Universalität der Technik wurde die universelle Anwendbarkeit betrachtet. Des Weiteren existiert das technische Wissen in einer Form der universellen Transportierbarkeit. In Zeiten digitaler Netzwerke können technische Informationen, etwa von Erfindungen, in Sekundenschnelle an jeden Ort geschickt werden, zusätzlich dazu können diese Informationen auch unendlich fach kopiert und verbreitet werden.

Im Zuge dieser Tatsachen ist bereits seit Jahren ein umfassendes weltweites Patentrecht in Kraft, welches die wechselseitigen, rivalisierenden Konzerne vor einer Monopolbildung schützen soll.

Mit zunehmender Mobilität des technischen Wissens wuchsen auch die Sorgen der Unternehmen. Durch *größtmögliche Fragmentierung der Gesamtheit des technischen Wissens* bezüglich beispielsweise eines neuen Flugzeugtyps, sollen die Produktionsgesellschaften vor allzu großen Einfluss einzelner Personen geschützt werden.

Diese Vorsorge gelingt jedoch nicht immer. Bestimmte Funktionselemente einer Maschine müssen, um zu funktionieren, von mindestens einer Person komplett verstanden und überblickt werden. Solch eine Person wird gemeinhin *Systemingenieur* genannt.

Systemingenieure sind Teile der Vorgehensweise der Wissensfragmentierung. Noch schlechter für ein Unternehmen wären etwa Ingenieure, die komplette, komplexe Maschinen verstehen und weiterentwickeln können.

Da es aber immer technisch begabte Menschen geben wird, so bleibt als letzter Schutz der Firmen nur der Geldköder oder die Klagedrohung, sollte das Wissen je die Firma verlassen oder unerlaubt nach außen dringen.

Für die Verbreitung der Technik, das Streben nach ihrer eigenen Perfektion, ist der Transport ein wichtiger positiver Faktor. Die Tatsache, dass z. B. Maschinenbaupläne sofort jeden Drucker und Computer der Welt erreichen können, ist der Verbreitung der Technik und Industrialisierung selbst förderlich.

Austauschbarkeit von Materie und Mensch

Alle Funktionselemente eines technischen Automatismus sind, ja müssen *austauschbar sein*. Es ist eine Grundforderung einer Maschine aus Teilen zu bestehen, die jederzeit austauschbar sind.

Nötig wird ein Austausch freilich nur im Falle eines Defektes, bedingt durch Materialverschleiß. In diesen Fall muss die Maschine zur Wartung außer Betrieb gesetzt werden, was dem Drang der Technik nach Perfektion widerstrebt, da nun die Produktion angehalten werden muss.

Da die Maschine durch ihre Betreiber aber zusätzlich zur bloßen Produktion noch einem *kontinuierlichen Verbesserungsprozess* unterworfen ist, ist die Maschine ein technisches Artefakt, welches *niemals final fertig gestellt ist*. So unterliegt die Maschine, im Gegensatz zur Evolution, die zyklisch verläuft, einen stetig monotonen Perfektionsprozess, der ähnlich wie bei der Zellteilung von Säugetieren, nach einigen Verbesserungszyklen, die Konturen der ursprünglichen Maschine kaum mehr durchscheinen lässt. Der Unterschied zur natürlichen Evolution besteht darin, dass nicht die Beschaffenheit des Produktes an sich, seine Eigentümlichkeit verbessert wurde, sondern nur die Anzahl seiner identischen Kopien; es geht also um eine Produktionssteigerung.

Die Austauschbarkeit der Maschinenelemente lässt sich direkt auf deren Bediener übertragen.

Betrachtet man ein Unternehmen als große Maschine, so ist jeder Posten in der Fabrik, vom einfachen, unter Schweiß schuftenden Arbeiter bis hin zu den Facharbeitern und Ingenieuren, jeder dem Perfektionsdrang des technologischen Fortschritts unterworfen. Das bedeutet, dass jeder Arbeitsplatz, der von Menschen besetzt ist, ständig daraufhin überprüft wird, inwieweit eine Automatisierung eine Beschleunigung des Produktionsprozesses bringen würde. Die Grenze dieses Vorgehens liegt in den Technikern selbst, da sie es sind, welche die Automatisierung vorantreiben, können sie sich selbst nicht aus dem Automatismus herausnehmen, in dem sie sich selbst als treibende Kraft befinden.

Die Besitzer von Produktionsmitteln sind nicht die Unterdrücker ihrer Arbeiter. Alle sind sich gegenseitig in der faszinierenden Anziehungskraft verbunden. Der Arbeiter, fällt er durch Automatisierung heraus, findet woanders Arbeit.

Der Besitzer jedoch verliert seine Produktionsmittel, wenn ihm die Überwachung und kontinuierliche Verbesserung des technologischen Fortschritts in seinem Produktionsgebiet nicht gelingt. Deshalb haben Firmenbesitzer und Manager oftmals einen schlechten Ruf, da sie entlassen können.

In Wahrheit sind sie jedoch Getriebene. Vermeintlich getrieben von der Angst des Verlustes des Geldes, vorgeblich getrieben von der Forderung nach mehr Profit. Tatsächlich aber werden sie getrieben von denen, die an der Spitze der technischen Entwicklung stehen, seien es gefeierte Nobelpreisträger, Erfinder und Entwickler oder nur der einfache Ingenieur im eigenen Betrieb. Der Arbeiter ist nur das Bauernopfer.

Das Menschenbild und die Technik

Von der Transzendenz zur Eigentranszendenz

Was nun ist das Ziel der technischen Entwicklung? Wenn wir die technischen Entwicklungen als eine Art menschliche Triebfeder auffassen, so müssen wir uns fragen: Wohin führt uns die Technik?

Hier fallen uns sofort allerlei Annehmlichkeiten ein; sei es sich mit dem Auto fortbewegen zu können, das Flugzeug zu benutzen oder auch nur in der Küche warmes Wasser zur Verfügung zu haben. Auf den ersten Blick sieht das alles nach *Erleichterungen des Alltags* aus.

Wenn wir den Alltagstrott verlassen und uns dem Anwendungsfeld der Technik in der Medizin und in den Biowissenschaften ansehen, dann bietet sich uns ein anderes Bild. Die Geschehnisse an dieser Front der Technik arbeiten in eine andere Richtung. Es geht um Kernthema der Lebensverlängerung - Life Extension und letzten Endes um eine unbefristete Verlängerung des Lebens, also um die zentralen Bereiche des Transhumanismus. Die Reihenfolge der Ziele ist so einfach, wie sie auch historisch ist. Es geht um Linderung, Prophylaxe und Heilung von Krankheiten, Verlängerung des Lebens und im Zaum halten von physischen und psychischen Schmerzen und am Ende um das Ziel des ewigen Lebens. Je nach Zeitalter erscheint uns das linke oder rechte Ende dieser Reihe kritisch und illusionär, sie bleibt jedoch in sich schlüssig.

Das Ziel jeder technischen Entwicklung oder Entdeckung ist die Eigentranszendenz des Menschen.

Parallelen und Gleichziehen des Menschenbildes im Zuge der technischen Entwicklung

Ursprünglich lebten die Menschen in Stämmen lokal zusammen und überlebten mit der Subsistenzwirtschaft, in welcher jeden eine bestimmte Funktion und Rolle zukam. In diesem Stadium herrschen die Götter.

Die technische Entwicklung, die hier verkürzt dargestellt werden soll, formte diesen Bereich der menschlichen Kultur grundlegend um.

Es entstanden Staaten, die Mobilität und Migration nahm zu. Die Vernetzung und Vermehrung der Menschen verlief exponentiell, genauso wie die technische Entwicklung voranschritt, schüttelte der Mensch die alten Götter ab und setzte nach und nach sich selbst dafür ein. Jetzt, im Jahre 2019, unterscheidet sich ein 18-jähriger Südkoreaner von einem 18-jährigen Engländer kaum noch. Die Wünsche, Vorstellungen und Ziele wurden aus nivelliert. Obwohl es soviel Menschen wie noch nie zuvor auf der Welt gibt, ist die individuelle Unterscheidung auf ein Minimum gesunken.

Die Technik ist das Zugband, welches den Wunsch des endlichen Lebens mit der Unendlichkeit verbindet. Dieser Wunsch ist dem Menschen inhärent, sonst gäbe es keinerlei technische Entwicklung. Die Tatsache, dass ebendiese, sich weltweit aus den Regionen heraus unterschiedlich schnell entwickelte, wird letzten Endes keine Bedeutung mehr haben, da die Wirkung der Technik universell übertragbar auf alle Menschen ist.

Der Mensch ist eine Idee, die Gott sein will. Des Menschen Wirkprinzip ist das Streben nach seiner eigenen Transzendenz. Die Ziele des Transhumanismus sind nur die bedingungslose Offenlegung seines innersten Wesens. *Der Mensch ist beides; die Erweiterung und die Grenze seiner selbst, der transhumane Mensch schwingt zwischen dem Jetzt und der Ewigkeit hin und her.*

Verzicht und Nachhaltigkeit

Die Ideen und Ziele des Transhumanismus sind proportional zu dem menschlichen Verhalten der *Nicht*-Nachhaltigkeit. Die Aussicht auf eine mögliche Aufhebung der Grenzen der menschlichen Lebensspanne führt zu einer Entgrenzung der Bedürfnisse, wie sie derzeit weltweit beobachtbar ist.

Ein Verzicht kann nur dort sinnvoll sein, wo zugunsten nachfolgender Existenzen, die eigene Sterblichkeit eingesehen und akzeptiert wird. Somit kann nur derjenige nachhaltig handeln, der davon ausgehen muss zu sterben und sich daher im zyklischen Verbund von Religion und Natur befindet. Dies umzusetzen bedeutete den Ausstieg aus dem monotonen Verlauf der technischen Entwicklung und das Verharren auf zyklisch, nachhaltigen Wegen. Dieser Mensch hätte sich entschieden, nicht wie ein Gott sein zu wollen.

Alles jederzeit haben zu wollen oder gar zu können, ist die eine Seite der Medaille. Deren andere Seite ist alles und jedes für immer zu bekommen, was in der physischen Welt, wie sie von uns wahrgenommen wird, nicht möglich ist.

Was aber wenn der Mensch sich nicht durch eigene Kraft transzendieren kann?

Der Kampf des Menschen gegen den natürlichen Zyklus des Lebens und der Zeit ist nichts anderes als die Geschichte der Entwicklung der Technik. Im Laufe der letzten tausend Jahre wurden die Götter verdrängt, da der Mensch selbst Gottes Thron erreichen wollte. Sollte es eines Tages so weit kommen, dass es sich im vollen Umfang der menschlichen Erkenntnis beweisen lässt, dass eine Eigentranszendierung *nicht* möglich ist, dann wird der Sturz des Menschen ein furchtbarer sein. Ein Chaos epischen Ausmaßes wird die Welt beherrschen. Und eines Tages, wenn der Mensch seinen Blick wieder auf den Himmel und die Sterne des Nachthimmels richtet, werden die Götter wieder in ihm erwachen und er wird feststellen, dass sie niemals tot gewesen sind. Sie haben nur eine Zeit lang geschlafen.

Technologische Singularität

Zunächst eine allgemeine Definition der technologischen Singularität, wie sie im Jahr 2019 in der Online-Wikipedia zu finden ist:

„Unter der technischen Singularität wird der Zeitpunkt verstanden, ab dem die Zukunft des Menschen nicht mehr vorhersehbar ist.

Es wird angenommen, dass der Mensch selbst solch eine technologische Singularität herbeiführen wird, indem er eine Superintelligenz entwickelt. Dabei handelt es sich um eine Maschine, die sich – für Menschen nicht mehr überblickbar – rasend schnell selbst verbessert.

Vor allem die Zukunftstechniken, die auf eine vollständige Transzendierung des Menschen abzielen, gehen davon aus, dass eine technologische Singularität notwendig ist, um das Ziel erreichen zu können."

Wer im Jahre 1356 behauptet hätte, dass es irgendwann Flugzeuge oder Mondraketen geben würde, der hätte einige Probleme bekommen. Mit Glück hätte man ihn nur als Verrückten eingesperrt. Im Zweifel wäre er von vielen Seiten bedroht worden. Die weltlichen Kreise der

Gesellschaft ordnete ihn zu den Geisteskranken und die Kleriker zu den gefährlichen Ketzern.

Wir kennen alle den Verlauf der Geschichte und wissen um die Wendungen der technischen Entwicklung bis zum heutigen Zeitpunkt. Alle Gedankenspiele unseres mittelalterlichen Freundes haben sich realisiert.

Ich will kurz darauf eingehen, warum unser Freund eine derart schlechte Behandlung erfahren hätte.

Das oben erzählte Phänomen könnte man als eine Art Overton-Fenster der Technik beschreiben.

Hätte unser Freund seine Visionen ein paar Jahrhunderte später, sagen wir 1756, gehabt, dann wäre die Reaktion der Gesellschaft eher in die Richtung gegangen zu sagen, die Technik ist „noch nicht soweit" oder es liegt „noch ein langer Weg vor uns".

Unser Freund hat seine Behauptungen einfach *zu früh* aufgestellt. Das Overton-Fenster wird üblicherweise zur Beschreibung politischer Sachverhalte in Relation zur öffentlichen Meinung (Linksrechts Schemata) verwendet. Das Overton Fenster kann auch zum Einordnen von bestimmten, den technischen Fortschritt betreffenden Aussagen, eingesetzt werden.

1359 befand sich unser mittelalterlicher Freund mit seinen Aussagen ganz links, also im undenkbaren Bereich. Er steht somit mit seiner Aussage außerhalb der Gesellschaft und muss mit entsprechenden Sanktionen und Strafen rechnen, die ihn wieder zur Mitte hinführen sollen. 1759 steht unser Freund, aufgrund der inzwischen stattgefundenen Erfindungen, bereits viel weiter in Nähe zur Mitte.

Für eine technisch modifiziertes Overton-Fenster bietet sich folgende Skala (von links nach rechts) an:

Hirngespinst, blühende Phantasie eines Verrückten, extreme Sciencefiction

Wunschdenken, zur Umsetzung fehlen grundlegende Elemente

Extrem aufwendig zur Umsetzung, da es noch keine Erfahrung oder Detailwissen gibt

Technisch umsetzbar

Wo findet sich in diesem Schema nun die technologische Singularität?

Nach einer der zu Beginn des Kapitels gegebenen Definition kann es sich bei einer technologischen Singularität um einen Zeitpunkt handeln, ab dem die Zukunft der Menschheit nicht mehr voraussehbar ist. Eine solche geschichtliche Singularität wäre zum Beispiel die Erfindung des Kunstdüngers. Dessen Wirkung es war und ist, eine Größe der menschlichen Population von mehreren Milliarden herbeizuführen, die sonst nicht möglich gewesen wäre.[2]

Nun gibt es in der Geschichte mehrere solche Wendungen, wie zum Beispiel die Entdeckung der Kernspaltung und den Bau der Atombombe als Massenvernichtungswaffe. Es scheint also einen wichtigen Unterschied zwischen einer Erfindung und einer Entdeckung zu geben.

Erfindung - Feind der Austauschbarkeit

Eine Erfindung ist daher im Wesentlichen die Darstellung bzw. Umschreibung eines technischen Artefakts,

---

2   F.G. Jünger, Die Perfektion der Technik, Vittorio Klostermann, 1949, S.22

welches *aus bereits bekannten technischen Elementen*, seinen diese mechanisch oder elektronisch/ digital, gebaut werden *kann,* wenn die ausgeklügelten Bedingungen des Erfinders angewandt werden. Eine Erfindung kann also nicht daraus bestehen, dass jemand von technischen Tatsachen ausgeht, die unbekannt sind. Dann wäre die vorgeschlagene Erfindung ein *Hirngespinst.*

Entdeckung

Die zu Kapitelbeginn beschriebene technologische Singularität zielt auf eine Entdeckung ab. Die dafür nötige Entdeckung wäre das Know-how zum Bau eines Computers, der sich selbst verbessert.

Doch was genau ist eine Entdeckung? Zur Veranschaulichung stellen wir uns vor, dass unser mittelalterlicher Freund vor seiner Haustüre den Bauplan für einen Düsenjet findet. Ein 200 Seiten starker Wälzer. Wäre das nun die Entdeckung des Flugzeugs oder Strahlentriebwerkes?

Nein, denn der fiktive Bauplan wäre nutzlos, niemand könnte ihn lesen oder verstehen, da die Voraussetzungen fehlen. Bei den fehlenden Voraussetzungen handelt es sich einfach nur um das Zeitintervall der Gesamtheit aller technischen Entwicklungen, die nötig sind, um ein Strahltriebwerk technisch zu begreifen.

Also was ist nun eine Entdeckung?

Der Blick des Menschen auf die Natur erfolgt mit der Gesamtheit seiner technischen Artefakte, wie z. B. Mikroskop, Fernrohr, Röntgenbeugungsanalyse. Die Summe der Betrachtungen formen das gegenwärtige Weltbild der Natur. Es geht also im Kern um das immer genauere Erkennen der Natur und ihrer Gesetze. Eine Entdeckung ist daher, die unter Aufwendung aller zur Verfügung stehenden technischen Artefakte, gemachte Beobachtung eines Naturgesetzes und die mathematische Beschreibung von dessen Funktion.

Auf der Basis einer Entdeckung können angepasstere und wirkungsvollere Erfindungen gemacht werden, da sich die allgemeine Detailschärfe der Naturbetrachtung durch die Entdeckung erhöht hat.

Life Extension

Kennen Sie die Geschichte, die sich um das Bildnis des Dorian Gray rankt?

Der Traum von der ewigen Jugend ist stets präsent. In Werbesendungen werden üblicherweise junge Menschen gezeigt. Dies hängt in erster Linie damit zusammen, dass positive Erlebnisse in der Jugend intensiver erlebt werden. Das höhere Lebensalter empfindet tendenziell eher mehr Zufriedenheit als zuversichtliche Emotionen.

Jedoch die Jugend ist verknüpft mit einer Vielzahl von Faktoren, die sie sogar zum einzigen erstrebenswerten Gut werden lässt. In der Jugend liegt das Leben noch vor einen, das Sexualleben ist noch aktiv, eine große Menge von Optionen wie denn die Zukunft aussehen könnte, steht zur Auswahl bereit. Anschaulich bedeutet ein zunehmendes Lebensalter in erster Linie zunächst eine linear, später eine ex-potenziell steigende Einschränkung von Möglichkeiten. Das menschliche Leben kann als Zyklus betrachtet werden.

Die Strategie der Lifte Extension befasst sich daher intensiv mit Verfahren und Methoden, den Alterungsprozess zu verlangsamen oder die Heilung von Krankheiten voranzutreiben. Dies hört sich nach den Standardtätigkeiten der Mediziner an; bei der Life Extension kommen aber noch mehrere Faktoren anderer Wissenschaftsgebiete hinzu.

Telomer Shortening

Die Körperzellen des Menschen erneuern und teilen sich ständig. Bei diesen Erneuerungsprozess werden bestimmte Bestandteile der DNA kopiert und die Telomere werden immer kürzer. Dieser Vorgang lässt sich daher nicht unendlich fortsetzen. Mit ca. 120 Jahren haben die Körperzellen, wenn der Körper solange überlebt hat, ihr natürliches Ende erreicht. Die Französin Jean Calment erreichte 122 Lebensjahre und markiert damit gegenwärtig die maximale humane Lebensspanne.

Hier gibt es Ansätze medizinisch einzugreifen, um ein längeres Leben potenziell zu ermöglichen.

Jedoch ist die Problematik der maximalen Lebensspanne nicht primär, da die allermeisten Menschen schon deutlich vorher sterben. Schuld sind genetische Prädisposition, erbliche Krankheiten, Unfälle, chemische Giftstoffe in Nahrung und Umwelt, vor allem Stress, Rauchen, Drogen und falsche Ernährung verkürzen unsere theoretische Lebenserwartung offenkundig. Vom Rauchen sagt man z.B., dass es etwa sieben Jahre weniger an Lebenszeit ausmacht, was ich für realistisch halte. Allerdings ist die massive Alkoholsucht noch deutlich aggressiver, ein extremer Trinker kann leicht sein Leben um 20 bis 30 Jahre verkürzen, wenn er täglich literweise hochprozentigen Alkohol trinkt.

Es sieht also ganz danach aus, dass das was, gemeinhin der Spaß am Leben zu sein scheint, gerade dazu führt es zu verkürzen. Auf der anderen Seite sehen wir so viele alte und auch jüngere Menschen, die scheinbar nichts mit ihrer Lebenszeit anzufangen wissen. Dann wollen wir immer wissen, warum gerade jene nach mehr Leben verlangen, die ohnehin nichts damit anzufangen wissen. Die Antwort ist einfach: Es ist die schiere Angst vor dem Tod, man weiß nicht, was dann passiert. Der Tod, der aus unserer westlichen Gesellschaft verdrängt wurde. Es scheint ihn nirgendwo mehr zu geben. Selbst im Krankenhaus wird darüber nicht gesprochen, bei den Gesunden sowieso nicht. Unsere Gesellschaft scheint ohnehin schon davon auszugehen ewig zu leben. Der Tod erscheint uns als unvermeidlicher Unfall, der irgendwann mal passiert. Die Tatsache, dass Gesellschaften anders handeln, die den Tod noch täglich vor Augen haben soll hier nicht diskutiert werden. Eben die fehlende Akzeptanz des Todes ist die Motivation Life Extension voranzutreiben.

Es gibt für das Fehlen von sinnvoller Freizeitbeschäftigung noch einen anderen Grund. Um freie Zeit so nutzen zu können, dass diese nicht nur totgeschlagen wird, sondern diese freie Zeit sowohl an sich eine höhere Art von Lebenskraft ist, als auch eine qualitativ gesteigerte Lebensqualität wieder hervorbringt, ist das Vorhandensein eines geistigen Lebens eine Vorbedingung. Existiert dieses nicht, dann führt freie Zeit nur dazu, durch passiven Konsum vorgefertigter Medien, noch mehr geistig abzustumpfen.

Nutzen von künstlich hergestellten Organen

Wenn Ihre Eltern daran gedacht haben Ihr Nabelschnurblut aufzufangen und zu konservieren, dann können daraus theoretisch alle Körperzellen (Organe, Blut, Knochenmark) erzeugt werden, wenn die Forschung soweit ist. In Japan wurde 2019 erlaubt menschliche Organe in tierischen Substraten zu züchten.[3]

Life Extension ist also im besten Falle eine deutliche Verzögerung, ein Hinausschieben des Alterungsprozesses und des Todes. Es ist jedoch keine Lösung, denn der Tod wartet geduldig. Wenn Sie Pech haben, schnappt er Sie mit in sein dunkles Reich, wenn mal eine der Life Extensions technisch fehlschlägt. Das sieht nicht nach einer nachhaltigen Lösung aus, was meinen Sie dazu?

Würden Sie ihre eigenen Kinder überleben wollen?

Angenommen Sie können 300 Jahre alt werden, was fangen Sie damit an?

Hätten Sie Gewissensbisse Life Extension anzuwenden, wenn nur Sie sich es leisten könnten und andere Menschen nicht?

Wie gehen Sie damit um, dass jeder, den sie kannten, gestorben sein wird?

---

3   https://www.zeit.de/wissen/gesundheit/2019-07/mischwesen-japan-mensch-tier-organzuechtung-organspende-tierembryo

Gibt es eine Verbindung zwischen Social Freezing und Life Extension?

Unter Social Freezing wird das Einfrieren der weiblichen Eizelle verstanden, um der Frau einen späteren Kinderwunsch erfüllen zu können. Die Eizellen werden über mehrere Jahrzehnte, auch über den fruchtbaren Lebensabschnitt der Frau hinaus, kryokonserviert.

Gegenwärtig wird dafür die Methode der Vitrifikation angewendet. Die Vitrifikation ist eine spezielle Methode durch welche der Einfriervorgang so stark beschleunigt werden kann, dass während des Einfrierens keine Eiskristalle entstehen können, sondern eine glasartige Substanz herausbildet.

Die Formation von Eiskristallen muss unbedingt vermieden werden, da die Eiskristalle des Wassers während des Abkühlens so stark wachsen, dass sie die Zellwände der Eizellen durchbrechen und schädigen können. Deshalb wird bei der Vitrifikation der Einfriervorgang so stark beschleunigt, dass sich keine Eiskristalle bilden können.

Das Social Freezing kann unter dem Begriff der Kryokonservierung eingereiht werden. Seit es dieses Verfahren gibt, wurden ca. 5000 Kinder durch ein Auftauen, Befruchten und Wieder einsetzen in die Gebärmutter gezeugt.

Mit Social Freezing wird das eigene Leben nicht verlängert, somit handelt es sich dem Anschein nach um keine Form der Life Extension. Jedoch greift Social Freezing in den natürlichen Zyklus der Natur und der Frau ein, da ein Kind auch nach dem Ende des natürlichen Zyklus noch geboren werden kann. Einige Länder erlauben daher das Social Freezing nur bis zu einem gewissen Lebensalter.

Eine transhumane Frau ist nicht mehr Teil des natürlichen Zyklus und damit nicht den zeitlichen Zwängen der natürlichen fruchtbaren Periode der Frau unterworfen. Der Zeitpunkt des Nachwuchses wird quasi aus der Zeit gerissen und soll selbst bestimmt werden. Also ist Social Freezing keine Life extension an sich, sondern eher ein Teil der Lebensoptionen eines transhumanen Menschen; ein der Natur entnommenes Zeitkontingent ist eine gute Umschreibung.

Kryokonservierung – der Fall Kim Suozzi

Sehr zu Herzen ging vielen der Fall um die Studentin Kim Suozzi. Tragisch ist ihre Erkrankung an einem seltenen Fall von Gehirntumor im Alter von nur 23 Jahren, mit einer durchschnittlichen Lebenserwartung von 11-14 Monaten nach der Diagnose des Tumors. Sie unterzog sich 2012 einer Chemotherapie, die erfolglos verlief. Anschließend entschied sie sich ihr Schicksal "Alcor" in die Hände zu legen. Alcor ist eine amerikanische Firma, die sich auf Kryonik spezialisiert hat und Kims Körper tiefgefroren hat, in der Hoffnung auf eine Heilung oder Wiederherstellung ihres Körpers und Bewusstseins in der Zukunft.

Kurz vor ihrem natürlichen Tod hielt sie sich nur wenige Minuten von Alcor entfernt auf, damit die Vorbereitungen für ihr Einfrieren unmittelbar nach ihrem Tod sofort starten konnten.

Ihre letzten Worte waren:

"Die meisten von euch [ihren Angehörigen und Helfern, Amn. durch den Autor] wissen, dass ich eine Agnostikerin bin. Ich weiß nicht was nach dem Tode passiert, aber ich sehe keine Anhaltspunkte dafür, dass mein Bewusstsein nach meinem Tod weiter existiert. Die einzige Hoffnung, die mich mit meinen Tod besser zurechtkommen lässt, ist die Chance, dass die Kryonik es eines Tages schaffen wird, die Menschen wieder zum Leben zu erwecken. So wie ich es sehe, ist dies eine bessere Aussicht als zu verrotten oder kremiert zu werden."[aus dem Englischen, v.d.Autor][4]

Da ich Kim Suozzi als Beispiel für eine Transhumanistin sehe, will ich ihre letzten Worte näher betrachten.

Zunächst wird die Existenz einer Metaebene nach dem Tod bezweifelt. Dem schließt sich der Glaube an ein Weiterleben durch technische Methoden in der Zukunft an. Der Körper soll nicht verloren gehen, sondern weiterleben. Es wird der Hilferuf eines jungen todkranken Mädchens deutlich. Der Wunsch nach Erhaltung des Körpers steht hier im Vordergrund. Ein älterer Patient wünschte sich vermutlich eher zusätzlich noch eine Verjüngung bei seiner Wiedererweckung.

Grundsätzlich werden folgende Grundzüge der Transhumanisten aus diesem Beispiel deutlich:

---

4   https://www.alcor.org/donate/KimSuozzi.html

Das menschliche Bewusstsein und sein Körper werden zunächst als nicht transzendierend betrachtet. Die Aussage bedeutet, dass eine Existenz Gottes, zwar nicht ausgeschlossen - agnostische Sichtweise , jedoch zumindest nicht als ausreichend wahrscheinlich für das eigene Seelenheil gesehen wird.

Die Technik, die vom Menschen hervorgeht, wird als Chance auf ein Weiterleben wahrgenommen. Damit wird dem Menschen die Rolle eines *Gottes in der Zukunft* zugeschrieben. Der Mensch ist praktisch ein im *Werden begriffener Gott*.

Gesetzt dem Fall Kim Suozzi wird in 100 oder 300 Jahren wiedererweckt und ihr Gewebe rekonstruiert. Was würde passieren?

Die Identität von Kim Suozzi ist im westlichen durch die Erinnerung ihres autobiographischen Gedächtnisses ausgeprägt. Zum Zeitpunkt ihrer Wiederkehr wird kein naher Verwandter oder gar die Eltern oder Freunde noch leben. Ich sehe hier, ganz im Gegensatz, die Vorstellung der metaphysischen Paradiese, in denen man sich im Kreise seiner Familie in einem nicht Enden wollenen glückseligen Zyklus (es finden sich keine monoton entwickelnden Paradiese) wiederfindet. Ich erinnere daran, dass z. B. das christliche Paradies den Menschen das Leben nach dem Tod als gesunden jungen Erwachsenen verspricht.

Kim Suozzis mögliche Wiederkehr wäre, zumindest zunächst, eine Wiederkehr in eine sehr kalte Welt, denn wer könnte sofort Gefühle entwickeln für jemanden, der Jahrhunderte lang geschwiegen und geschlafen hat.

Ich meine, dass Eingriffe in das autobiographische Gedächtnis oder Bewusstsein, so sie denn eines Tages anwendbar sind, den Menschen derart steuern und beeinflussen könnten, dass dieser alles akzeptieren kann, auch seinen eigenen *notwendigen, da der Evolution geschuldeten,* physischen Tod.

Reproduktionsmedizin

Im Auto höre ich eine Radiosendung. Der Titel heute ist: "Frauen, die ihre Kinder ohne Mann mithilfe von Samenspendern bekommen haben". Die Sendung läuft so ab, dass Frauen vorgestellt werden. Alle haben entweder eine anonyme Samenspende verwendet, um schwanger zu werden, oder sich für einen Spender entschieden, dessen Identität bekannt war. Soweit nichts Neues. Hier war das Tüpfelchen auf dem „i", dass es sich nicht um Paare handelte, sondern um so bezeichnete „Solo-Moms", also Frauen, die a priori schon keinen Mann haben, der nach der Mutterschaft die soziale Rolle des Vaters übernehmen könnte.

Eine moralische Betrachtung oder gar die Frage, was für das Kind besser wäre, will ich überhaupt nicht stellen. Ich will den Umgang mit dem technischen Fortschritt beleuchten und wie er von den Menschen, hier in diesem Beispiel von Frauen mit Kinderwunsch, verwendet wird, um Ziele zu erreichen.

Zunächst ist festzustellen, dass die Möglichkeit des technischen Fortschritts genutzt wird. Es wäre immerhin denkbar, dass die Menschen eine

Umsetzungsmöglichkeit der Technik vollständig zurückweisen. Doch es ist in der Realität so, dass dies niemals der Fall ist oder war. Das bedeutet, dass technische Möglichkeiten, manchmal nach einigem juristischen Hin und Her und verschiedenen landestypischen Bedenken, immer Anwendung finden.

Der Grund liegt in einer *scheinbaren* Erleichterung von Lasten, die den Menschen bedrücken.

Der Umgang einer menschlichen Beziehung (Mann/Mann, Frau/Mann, Frau/Frau), als Paar zu einem Kind zu finden ist ungleich schwerer, da das Gegenüber ja überzeugt werden muss. Dies ist nun bei der Umsetzung mit einer Samenspende nicht mehr der Fall, die Entscheidung kann alleine getroffen werden. Ein Vater kommt als soziale Komponente gar nicht vor.

Die Technik *und die Regeln der Menschen,* schließlich muss es eine gesetzmäßige Freigabe geben, haben der Frau eine Erleichterung in der Umsetzung ihrer Wünsche gebracht. Eine Lebensform, die es ohne Technik und ohne Not (im Beispiel: der Tod des Ehepartners), früher – also vor der technischen Möglichkeit der künstlichen Befruchtung nicht gegeben hätte. Natürlich kann daraufhin eine kontroverse Diskussion stattfinden. Mir kam es aber darauf an, zu zeigen, dass technische Umsetzungen genutzt werden. Wenn Sie da sind, dann stehen sie niemals ungenutzt herum. Wie die Menschen, die sie planten und erarbeiteten, lebt die Technik und wird im Augenblick noch von *menschlichen Forschern* weiter voran getrieben. Die Technik scheint etwas zu sein, was der Mensch von sich selbst aus hervorbringt und es offenbart sich, dass es zu seinen innersten Wesen gehört, Techniken zu erschaffen.

Doch kann eine technische Entwicklung überhaupt aufgehalten werden?

Fragen zu dem behandelten Fall

Was würden Sie als Frau machen, wenn Sie anders als durch Samenspende keine Kinder bekommen können, aber unbedingt wollen?

Welche Wirkung haben die möglichen Partnersurrogate (Freunde, bezahltes Personal, nicht biologischer Partner, der später hinzukommt) auf das Kind?

Handelt die Frau hier gegen ihr natürliches biologisches Programm?

Posthumanität

Ab wann kann von einem posthumanen Individuum gesprochen werden?

Nick Bostrom nennt in seinem Buch „Die Zukunft der Menschheit"[5] folgende Indizien für das Erreichen der Posthumanität von denen ich einige näher betrachten will:

- Eine Erdbevölkerung von mehr als einer Billion Personen
- eine durchschnittliche Lebenserwartung von mehr als 500 Jahren

Dazu fällt mir folgende Begebenheit ein. Eine junge Studentin der Biowissenschaften, Timea, die ein Praktikum in meiner Firma absolvierte. Es ging um die CRISPR Methode, die sie in ihren Studien selbst schon durchgeführt hatte. Diese biologische Arbeitstechnik ermöglicht es, defekte Sequenzen des menschlichen Genoms durch gesunde zu ersetzen, also genetische Repa-

---

5 Bostrom, Die Zukunft der Menschheit, suhrkamp, 2018, S.38f.

raturen anzuwenden. Ich wurde sofort neugierig und begann sie ein wenig auszufragen, was man damit denn so alles heilen kann. Schnell wurde klar, dass es in erster Linie um die Heilung von Krankheiten geht, die vererbt werden. Ein Blick auf die ganze mögliche Wucht dieser Methode zeigt sich aber deutlich, wenn man sich vor Augen hält, dass erst von ca. 40 % des menschlichen Genoms bekannt ist, für welche Funktion ein Genom genau zuständig ist. Wüsste man das – und die Erlangung dieses Wissens liegt bereits in der nahen Zukunft – so könnte man im Prinzip alle Eigenschaften des Erbguts verändern. Den Körperbau, die Augenfarbe, das Geschlecht, die Hautfarbe; man könnte sich einen maßgeschneiderten Menschen erschaffen. Vor den Folgen dieser Methode bestehen Ängste, was auch die Ursache dafür ist, dass Genetic Engineering in vielen Ländern verboten ist. Doch jede Technik wird eingesetzt werden, wenn sie vorhanden ist.

Die Ängste beziehen sich in vorrangig darauf, dass durch Genetic Engineering neue Krankheiten und Fehlbildungen erzeugt werden könnten, denen die Abartigkeit von Frankensteins Monster anhaftet und die nicht exakt voraussagbar sind. Die Chancen bestehen jedoch in einem längeren Leben und sind meines Erachtens zu verführerisch, um nicht eines Tages doch genutzt zu werden.

Im Ringen gegen das Schicksal, hat bereits die Heilung einer Erbkrankheit, wie sie jetzt schon mit der Methode durchführbar ist, einen messbaren Erfolg. Es wird ein ganzer Lebenszyklus eines Menschen ermöglicht, der sonst nur wenige Wochen oder gar nicht gelebt hätte.

Zurück zu Bostroms Thesen der Posthumanität:

Postulat 1: Mehr als eine Billion Menschen auf der Erde

Was steckt hinter dieser Aussage? Nun, um so viele Menschen mit Nahrung zu versorgen, muss die Nahrungsproduktion derart gestaltet sein, dass eine derartige Menschenmenge auch ernährt werden kann. Dazu ist genetisch verändertes Saatgut unumgänglich, da die Ausbeute der Ernten maximal sein muss.

Bereits ohne Kunstdünger, ebenfalls ein menschengemachtes Artefakt, wäre die Versorgung der jetzigen

Weltbevölkerung von 7,7 Milliarden mit Nahrungsmitteln nicht zu bewerkstelligen.

Nach meiner Schätzung werden niemals 1000 Milliarden Menschen auf der Erde leben können, wenn diese sich konservativ ernähren sollen.

Es gibt nicht genug Ackerfläche um so viel Nahrungsmittel wachsen zu lassen. Ich denke Bostrom zielt hier darauf ab, dass diese Menschenzahl durch künstlich hergestellte Nahrung, die für alle Nährstoffe ein vollständiges Surrogat bilden, ernährt werden sollen.

Als weiteren kritischen Faktor sehe ich die Tatsache, dass die exponentielle Komponente des Bevölkerungswachstums noch niemals in der Geschichte gebremst werden konnte. Nicht durch die schwarze Pest und auch nicht durch die beiden Weltkriege oder die spanische Grippe. In der Übersicht sind diese als „große Katastrophen der Menschheit" nur als minimale Dämpfung der Steigung des anzeigenden Wachstumsgraphen zu erkennen.

So muss davon ausgegangen werden, dass 1000 Milliarden Menschen nicht erreicht werden können, ohne dass fundamentale Eingriffe in der Nahrungsmittelherstellung und in der Geburtenkontrolle erfolgt sind.

Überhaupt fehlt diesem Argument eine Angabe zu seiner Wachstumstendenz. Wenn das Argument so zu verstehen ist, dass die 1000 Milliarden mehr oder weniger gehalten werden können, so kann davon ausgegangen werden, dass es sich um ein posthumanes Stadium handelt. So und nur so ist diese Zahl erklär- und vorstellbar, bzw. können die 1000 Milliarden überhaupt nur erreicht werden.

Postulat 2: Eine durchschnittliche Lebenserwartung von mehr als 500 Jahren

Um 500 Jahre leben zu können, wären profunde Eingriffe in die humane Genomsequenz notwendig. Zuerst einmal müsste er vollständig verstanden und entschlüsselt werden. Dann müsste das gesamte Konzept des Menschen, wie es sich im natürlichen Zyklus entwickelt hat, umgebaut werden. Wobei sich hier die Frage stellt, warum nicht gleich auf unendlich Leben umstellt werden sollte? Ein Selbstmord oder Tod durch äußere Gewalt oder Fremdeinwirkung wie Unfall oder Feuer wären weiterhin möglich. Der gesamte psychologische Überbau für solch ein langes Leben müsste erst entstehen.

Wenn ich 500 Jahre Lebenserwartung habe und vorher üblicherweise nur durch äußere Gewalteinwirkung sterben kann, wäre es da nicht Wahnsinn, in ein Auto oder Flugzeug einzusteigen, oder auch nur die Straße zu überqueren? Wenn man hier eine Risikobetrachtung durchführt, dann wird schnell erkennbar: Je länger das Leben dauert, desto risikoreicher eine jede Handlung, die dazu führen könnte, dass es vorzeitig endet. 500 Jahre Lebenserwartung bedeuten noch nicht wahre Unendlichkeit, da hier kein Back-up der Identität vorliegt, sondern lediglich eine Verlängerung der Lebenszeit.

Nietzsches "Zarathustra" – ein erstes Aufleuchten des Transhumanismus im 19 Jahrhundert?

Die Worte des griechischen Dichters Pindar : „génoi' oíos essí mathón", wurde von Nietzsche mit den Worten "Werde der, der du bist" übersetzt.

Eine individuelle menschlichen Seele vorausgesetzt, bedeutet dies die maximal mögliche Abgrenzung zu jeder Bindung in der Gemeinschaft oder Beziehung. Niemand wird kompromisslos das, was er ist, da dies dem Menschen als sozialen Wesen zu wider läuft. Es würde praktisch bedeuten, über Leichen zu gehen und nur sich selbst als Richter zu akzeptieren.

Nietzsches Ausspruch: "Alle Lust will Ewigkeit", stammt aus seiner Abhandlung "Also sprach Zarathustra, ein Buch für alle und keinen"

Da der Mensch seinen Lüsten durch die Natur unterworfen ist, bedeutet dies auf das behandelte Maxime übertragen, dass der Mensch der Steigerung und Aufrechterhaltung seiner Gelüste grenzenlos frönen müsste, um zu dem zu werden, der er ist. Wie wäre es um jemanden bestellt, der nur seinen Lüsten frönte, seinen es Speisen,

Alkohol, Drogen, Geld, sexuelle Lust oder gar Gewalt als Lust? In einer menschlichen Gemeinschaft hätte solch ein Wesen sicher keinen Platz, es wäre der perfekte Außenseiter oder Kriminelle. Hier wird schnell deutlich, dass die menschlichen Gemeinschaften aus Kompromissen oder Gesellschaftsverträgen bestehen, in denen die Lüste reglementiert werden: Essen: ja, in Maßen. Sex, ja aber bitte in Partnerschaft, Gewalt von Privatpersonen, aber bitte niemals!

Alle diese Reglementierungen, man könnte die Gesamtheit der Reglementierungen auch Kultur oder Zivilisation nennen, basieren jedoch auf einem wesentlichen Prinzip. *Es ist das Prinzip der zeitlichen Verdrängung des Todes.* Durch die zyklisch verlaufenden gesellschaftlichen Prozesse in einer Kultur wird den Menschen vorgespielt, dass er ewig lebe und deshalb keinen Grund hat, z. B. sein überbordendes Verlangen nach seinen Gelüsten, jetzt nachzugeben, am besten bis zu seinem Tode nicht. Es scheint der menschlichen Gesellschaft *nichts* am Auftauchen des Übermenschen, jenem Menschen der letzten Konsequenz, zu liegen. Für den

Übermenschen gilt Kants kategorischer Imperativ nicht. Der Übermensch steht außerhalb des Sozialen.

Wo können wir den Übermenschen finden? Gibt es ihm bereits?

Der Übermensch beginnt dort, wo der Mensch aufhört. Und der Mensch endet im Tod. Somit steht der Übermensch symbolisch für die Überwindung des Todes aus menschlicher Kraft ohne das Eingreifen eines Gottes. Zu einer Zeit, da der Mensch seinen Tod noch nicht überwunden hat, gibt der Übermensch sein kurzes Gastspiel in dem Menschen, der seine letzte Konsequenz lebt und schließlich daran zugrunde geht.

Die Überwindung des Todes durch Wiederauferstehung und Rückkehr in die Welt wird üblicherweise in den Religionen ausschließlich durch ein Gottwesen, z. B. Jesus Christus, dargestellt. Nur eine Person, die völlig rein ist und keiner menschlichen Gelüste frönt und einen tadellosen Charakter besitzt, darf von den Toten wiederkehren.

An dieser Stelle will ich folgende Frage an den Leser richten: Um welches Ereignis handelte es sich, kehrte ein einfacher Mensch von den Toten zurück? Aufgrund der nunmehr zeitlichen Ungebundenheit könnte Nietzsches Forderung "Alle Lust will Ewigkeit" in diesen Mensch zur Geltung kommen. Warum sollte jener seinen Lüsten nicht bis zur letzten Konsequenz folgen, jetzt da seine Lust der Ewigkeit angehört? Ein kirchlich gebundener Mensch könnte sofort einwerfen: Eben weil der Mensch böse ist, so ist seiner Tage eine Grenze gesetzt, es ist die Strafe Gottes, sterben zu müssen. Ein Transhumanismus, in Form der ständigen Wiederkehr der immer gleichen Seelen, müsste so einem Menschen vorkommen, wie die Geburt des Teufels auf Erden und Besiedelung dieser mit menschenfressenden Dämonen.

Dass im himmlischen Paradies die Lüste des Menschen nicht mehr auftauchen, scheint hier, an dieser Stelle unserer Betrachtungen, eine Sicherstellung zu sein, dass es im Himmel friedlich bleibt.

Die Sicherheit der ständigen Wiederkehr und die Kontinuität der Identität

In Dantes göttlicher Komödie gibt es eine Darstellung des Flusses Lethe, in jenem wäscht sich der Wanderer ins Jenseits die Erinnerung an seine schlechten Taten und Sünden ab, ehe er Richtung Paradies weiter voranschreitet. Hier wird einmal mehr das Bild gezeichnet, dass das Schlecht-Menschliche mit der Ewigkeit nicht gut harmoniert.

Doch die Überwindung des Todes aus Menschenkraft hat noch einen weiteren Fingerzeig. Es ist der Aspekt der *Kontinuität der Identität über die immerwährende Wiederkehr ins Leben.*

Was die menschliche Hülle ausmacht, das ist die Komplexität und Vernetzung der Gehirnzellen über die Zeit. Es ist das kontinuierlich vorhandene Bewusstsein und die Erinnerung an die Vergangenheit. Ein Mensch ohne Erinnerung, wäre das noch ein Mensch? Die komplette Auslöschung der Erinnerung, das wäre ein theoretischer Tod. Das wäre der Fall, z. B. bei einer vollständigen retrograden Amnesie. Dies bedeutet, dass der Betroffene keinerlei Erinnerung mehr besitzt an alle Ereignisse, die vor dem Eintritt der vollständigen retrograden Amnesie stattgefunden haben. Es gibt keinen einzigen berichteten Fall in der Geschichte der Medizin, bei dem wirklich 100 % der Erinnerung ausgelöscht worden. Es gibt jedoch vereinzelt Fälle, bei dem fast nichts mehr erinnert wird.[6] In diesem Fall könnte man davon sprechen, dass die betroffene Person tot war und wiedergekehrt ist. Diese Auffassung hinkt jedoch stark, da zum einen die Fähigkeit zum Bewusstsein und Sprache erhalten geblieben ist, die ja einst im Kindesalter erlernt wurde und die nicht ganz tot war. Zudem fehlen zwei weitere wesentliche Eigenschaften des Übermenschen. Zum einen fehlt es an der *Kontinuität der Identität über den Todeszeitpunkt hinaus.* Zum anderen mangelt es an der selbst aus freien Stücken herbeigeführten Wiederkehr und der Sicherheit einer unendlichen Wiederholung des Vorganges der Wiederkehr. Es fehlt, grob ausgedrückt das Sicherheitsgefühl, welches uns ein Daten-Backup verspricht, nämlich die Sicherheit das Leben stets in der letzten Konsequenz zu führen. Der Übermensch ist un-

---

6   https://www.welt.de/vermischtes/article112002871/Benjaman-
    Kyle-der-Gestrandete-ohne-Gedaechtnis.html

endlich glücklich, da er seiner Natur zeitlich unbegrenzt gerecht werden kann. Im Übermensch endet alles Soziale. Er steht für sich allein. Gibt es nur einen Typ Mensch? Muss alles Soziale überwunden werden? Hätten alle Menschen die Möglichkeit, den Tod dauerhaft zu überwinden, würden sie sich überhaupt individuell anders verhalten? Oder ist das Konzept des Menschen an sich an ein anderes Prinzip gekoppelt, welches sich ständig aus sich selbst heraus weiter entwickelt, zu einem Ziel oder gar zyklisch? Könnte der Mensch nur eine Zwischenstufe in einen Entwicklungsprozess sein, der dann beginnt weiter zu laufen, wenn der Mensch in seiner Form als *ein* Übermensch konvergiert? Und dessen Vor- und Nachstufe sich für immer unserer Erkenntnis entziehen werden, da sie die Grenzen unserer Erkenntnis sprengen?

Welches Ereignis ist notwendig, um den Menschen zu überwinden?

Mögliche Fehler in der Simulation und deren Folgen

Gehen wir nun davon aus, dass alle unsere Bewusstseinszustände nur simuliert werden. Es stellt sich zunächst die Frage:

Können wir erkennen, dass wir simuliert werden?

Zum Beispiel könnte die Erkrankung „dissoziative Identitätsstörung" als Programmfehler eines Algorithmus interpretiert werden. Als Voraussetzung dafür muss immer die Substratunabhängigkeit als gegeben angesehen werden.

Wir beobachten eine Identität pro Mensch oder Tier. Diese Identität ändert sich zwar im Lauf der Zeit und Entwicklung des Menschen von Kind zum Erwachsenen, aber es gibt auch den Fall, dass mehr als eine Identität gleichzeitig auftritt. Als Beispiel sei die „Dissoziative Identitätsstörung" genannt. Es handelt sich hierbei um ein Krankheitsbild, welches Personen bezeichnet, bei denen mehr als eine Identität im Wechsel auftritt. Diese verschiedenen *Persönlichkeiten* haben eigene Charaktereigenschaften, Verhaltensweisen, Fähigkeiten, Wahrnehmungs- und Denkmuster. Zusätzlich treten Erinnerungslücken zu Ereignissen oder persönlichen Informationen auf, die nicht mehr durch gewöhnliche Alltagsvergesslichkeit erklärbar sind.[7]

Generell können alle Erkrankungen des Geistes auf eine fehlende Optimierung des Programmcodes in jeweiligen Bereich angesehen werden. Selbst die Körperfunktionen sind in einer Simulation ja bloßen Codes unterworfen.

Technologische Entwicklung als Adaptionsprozess an die *echte* Realität? Gibt es eine Superentität?

Ein vollständig simulierter Mensch braucht keine Geschlechter und er benötigt keinen Körper. Es ist jedoch denkbar, dass es nach Eintreten einer technologischen Singularität, die Wirklichkeit sich derart verändert hat, dass die Bereiche, die das eigentliche Menschsein ausmachen, insbesondere die Identität und die Qualia, also das subjektive Empfinden und Erinnern, eine derartige *Realität* nicht verkraften konnten. Deshalb wird die alte Welt vor der technologischen Singularität, quasi als Ersatzwelt, ständig weiter simuliert[8], obwohl es nach Eintreten der technologischen Singularität nur noch eine

---

7 https://de.wikipedia.org/wiki/Dissoziative_Identitätsstörung

8 Vgl. Bostrom, Zukunft der Menschheit, suhrkamp, 2018 S.207

einzige menschliche Identität, den Archetypen, gibt. Dem liegt die Vorstellung zugrunde, dass der Mensch auf einen einzigen Archetypus konvergiert, wenn seine Lebenszeit unendlich wird. Letzten Endes ist dann sogar die Geschlechterdisparität aufgehoben. Es ist darüber hinaus so, dass diese menschliche Superentität sich zwangsweise wieder in einzelne Identitäten aufspalten muss, da diese Superentität wiederum die totale Konzentration auf ein Subjekt nicht ertragen kann. Deshalb werden ständig Millionen von menschlichen Identitäten simuliert.

Ziel dieser Simulation wäre aus der Sicht der Superentität, den Programmcode durch Trial and Error so anzupassen, dass die Superentität das Dasein auf der Ebene einer einzigen kontinuierlichen Identität erträgt. Wir wären praktisch eine Vorgängersimulation zum Zwecke der Programmcodeverbesserung. Wobei es sich unserer Kenntnis entzieht, die Superentität zu identifizieren oder gar mit ihr in Kontakt zu treten, da wir selbst Teil von ihr sind und so einen Eigendialog führen würden. Die Existenzebene der Superentität wäre uns völlig unbekannt, sie liegt im Jenseits oder im Nichts, notwendigerweise in uns nicht zugänglichen Bereichen. Die Superentität wäre Gott und gleichzeitig Mensch, solange sie sich nicht selbst vollendet hat und unsterblich wird oder sich ins Nichts auflöst. Ob sie sterblich ist, entzieht sich unserem Wissen. Wir könnten die Superentität auch Gott nennen. Aber wäre das korrekt?

Es wäre, meine ich, falsch die oben beschriebene Superentität als Gott zu bezeichnen. Denn im Allgemeinen wird Gott als *nicht wesensgleich* mit seinen Geschöpfen beschrieben. Gott ist die Unendlichkeit und die Unsterblichkeit, welche bei Menschen nicht beobachtet wird. Können wir diese religiösen Vorstellungen mit dem Simulationsmodell zur Deckung bringen?

Die Nichtwesensgleichheit mit Gott ziehen wir vor allem aus dessen Unsterblichkeit. Gott existiere vor uns und auch nach uns.

Weigert sich Gott, unsterblich zu werden, indem er ständig seine eigene Vergangenheit simuliert?

Es ist leicht einzusehen, dass die spezifischen menschlichen Eigenschaften, wie wir alle sie kennen, sich nur in einen diskontinuierlichen Dasein entwickeln können. Wer würde schon heute etwas lernen wollen, wenn er noch die Ewigkeit dafür Zeit hat? Jedoch streben unsere positiven Qualia, unsere Lüste, die Ewigkeit an. Doch ein erregter Zustand der ewig währte, der würde sich nicht unterscheiden und zu einem blanken Nichts werden, gäbe es denn keinen nicht erregten Zustand bzw. den anderen, schmerzhaften negativen Pol.

Somit fehlt die Erinnerung. Ein ewig währender Genuss, wäre nur dann ein wirklich ewiger, solange die Erinnerung an den anderen, schmerzlichen Pol noch existiert. Sind wir Menschen vielleicht die Erinnerung der Superentität an ihre schmerzlichen Gegenpole, nur zum Zwecke erschaffen, den eigenen übernatürlichen, immer währenden Rausch zu stützen?

Wenn dem so wäre, dann leistete jede menschliche Existenz einen Beitrag zur immerwährenden göttlichen Glückseligkeit. Ein einzelner Mensch mit seiner zeitlich begrenzten Identität wäre niemals unsterblich, jedoch die Menschheit an sich – zumindest innerhalb der physikalischen Rahmenbedingungen - schon, da die Superentität ihre fortwährende Glückseligkeit niemals preisgeben würde. Und die Entität fände ihre Wege, die Menschheit neu zu starten, gelange sie der absoluten technologischen Singularität, also der Eigengottwerdung, zu nahe.

In diesen Bild ist jede simulierte menschliche Identität beliebig oft wiederkehrend, da ihr die Unsterblichkeit ihres Archetypus inne ist. Das bedeutet, dass jeder Mensch beliebig oft sterben und wiedergeboren werden kann. Allerdings nicht als eine andere Seele, sondern durchaus auch als exakt der gleiche der er war. Was wohl fehlt, ist die Erinnerung. Spannen Zeit und Raum einen unendlichen wiederkehrenden Zyklus auf? Wenn ja, dann sind wir unsterblich ohne es zu wissen, denn in der Unendlichkeit ist jede Beobachtung, jedes Ereignis und jede Identität im Universum und auf Erden auch unendlich oft wiederkehrend und zwar wie in einer Wiederholungsschleife, also möglicherweise sogar exakt gleich. Mit anderen Worten: Die Wahrscheinlichkeit in einem unendlichen Raum-Zeitzyklus einmal mehr exakt das gleiche Leben zu durchlaufen liegt bei 100 %.

Der Zirkelschluss der Simulation

Gehen wir davon aus, dass unsere Realität die echte Realität ist, damit meine ich, dass die Entität Simulationen von dieser von uns bekannten Ebene aus starten würde.

Es beginnt damit, dass positive Empfindungen, später Träume und Lebensabschnitte; am Ende das ganze Leben simuliert werden kann.

Wir kommen wieder auf ein Kernelement des menschlichen Bewusstseins zurück: die Erinnerung.

Zum jetzigen Zeitpunkt kann die Naturwissenschaft das Phänomen „Bewusstsein" nicht exakt definieren. Ich will hier eine eigene Skizze entwerfen.

Wahrnehmung

Das Bewusstsein besteht zum einen aus Wahrnehmung einer Umgebung. Diese Wahrnehmung ist auf die Bedürfnisse des jeweiligen Körpers angepasst. Ein Mensch nimmt seine Umgebung anders wahr, als eine Ameise. Damit meine ich: das Bewusstsein selektiert mit seinen zur Verfügung stehenden Sinnen unterschiedliche Ereignisse, welche seinen Überleben zuträglich sind. Diese Koppelung Bewusstsein-Körper-nötige Sinneswahrnehmung zum Überleben und Arterhalt ist in den genetischen Informationen der jeweiligen Spezies gespeichert.

Zeitliche Reflexion und Erinnerung

Handlungen und das Leben in unserer Welt sind nur vorstellbar, wenn die Bilder der Wahrnehmung, zumindest so lange erinnert werden können, dass ein Überleben und Arterhalt möglich werden. Die Erinnerung ist ein zentrales Element des Bewusstseins. Vor allem ist die Erinnerung das Hauptelement der Identität.

Extraktionspunkt Bewusstsein und Zirkelschluss

Wenn wir träumen oder bevor wir sterben, fallen wir auf eine tiefere Bewusstseinsebene. An diesen Punkt könnte eine Simulation ansetzen, die uns bei Wiederkehr entweder wieder die gleiche oder eine andere Identität zuschreibt. Der Zirkelschluss kommt dann dadurch zustande, dass es irgendwo in dieser, für den einzelnen undurchschaubaren unendlichen Zwischenwelten, eine echte Realität geben muss. Sodann gibt es zwei Möglichkeiten für die Simulationsbewohner. Entweder die echte Realität ist zyklisch und unendlich. Oder sie ist zeitlich linear mit einen Endpunkt.

Metaversum - Verlagerungen der menschlichen Affekte in eine Parallelwelt

Wie im Kapitel über die obsessiven Verbindungen zum Übergangsprodukt Smartphone bereits angedeutet, dringt die Beherrschung der menschlichen Affekte durch den digitalen Tunnel. Zunächst wurden die sozialen Bindungen gelöst und jeder vereinzelt, damit nicht genug. Denn auch in dem beherrschten Untertan und Sklaven nimmt der natürliche Wunsch nach Unabhängigkeit und das Streben nach sozialer Anerkennung immer weiter zu.

Was nun angestrebt wird, ganz im Sinne der Berechenbarmachung der zukünftig möglichen Handlungen, ist eine Abspaltung des Wunsch/Freiheitsbedürfnisses von den in der realen Welt vorhandenen Bedürfnissen. Dies soll geschehen, indem die Wunschwelt in eine kontinuierlich vorhandene virtuelle Traumwelt verlagert wird. Die Wirkung der Traumwelt wurde , wie der Name bereits sagt, klassisch dadurch aufgehoben, dass nach dem *Erwachen* der Traum vorbei war. Der Traum war also immer ein Diskontinuum und die Erinnerung verblasste schnell , war es doch ein natürlicher körperlicher Verarbeitungsprozess.

Im Metaversum wird eine virtuelle Welt kontinuierlich aufrecht erhalten. Diese neue Welt erhält ein eigenes Raum-Zeit Kontinuum. Ihr Ziel ist die Sublimierung menschlicher Affekte, mithin ihre Entschärfung und ihre Verlagerung an einen virtuellen Umsetzungsort.

Trivial ausgedrückt: in der realen Welt musst du der beste Sklave sein, um im Metaversum besser etwas aus dir machen zu können.

Zwischenbilanz

Unser Bewusstsein ist der Spiegel unseres autobiographischen Gedächtnisses. Wir sind im Grunde das, an was wir uns erinnern und das was wir uns erhoffen. Man kann sagen, das menschliche Individuum ist ein Wesen mit Geschichte und einen die Zukunft antizipierenden Teil.

Wenn dieses Bewusstsein beliebig abgespeichert, kopiert und auf andere Körper übertragen werden könnte, also ewig weiterleben kann, so stellt sich die Frage, was passiert bei einer Doppelung oder anderweitigen Vervielfältigung von Identitäten?

Es wird in der Realität niemals zwei gleiche Identitäten geben, denn selbst wenn solche synthetisch dargestellt werden könnten, so wäre doch das unmittelbare Erleben nach der Geburt bzw. Eintritt in die Realität sofort unterschiedlich, da sich die Individuen in Raum und Zeit mit jeweils unterschiedlichen Reizen und Erlebnissen fortbewegen, ähnlich einem natürlichen Zwillingspaar, welches gemeinsam aufwächst und im Laufe der Zeit unterschiedliche Vorlieben und Abneigungen entwickelt. Die kopierten Identitäten wären also praktisch sofort ungleich, da sie sofort und unmittelbar unterschiedliche autobiographische Erinnerungen aufbauen und somit auch unterschiedliche Antizipationen der Zukunft vornehmen würden.

Die Manipulation des autobiographischen Gedächtnisses findet ihre Grenze also im direkten Kontakt mit der Realität. Was aber, wenn diese wahrgenommene Realität auch nur eine Simulation ist?

In diesen Fall befinden wir uns in einer Computermatrix, einer Art Vorgängersimulation, wie Bostrom sie postuliert hat. Die Kontrolle aller Vorgänge, Wahrnehmungen und Gefühle könnten in diesem Fall deterministisch sein, das heißt, dass nichts durch Zufall geschieht, denn der Zufall ist nur unsere Umschreibung für empirisch beobachtbare Unregelmäßigkeiten für die wir keine Regeln aufstellen können, diese Regeln kennen nur die Herrscher oder Götter der Simulation. Möglicherweise, aber eben nicht sicher, leben nur diese in einer *echten Realität?*

Die Tragik des technische Fortschritts

Die Versprechungen, die sich in der zunehmenden Erkenntnis der Wissenschaft über das Leben und das Bewusstsein widerspiegeln, haben im Laufe der Jahre dazu geführt, dass der Gott, der eben nicht Mensch ist und außerhalb der beobachtbaren Welt steht, seinen Schatten auf das Menschenbild geworfen hat.

Die Vorstellung, dass der Mensch ein *Gott im Werden* sein könnte, basiert auf der Projektion und Extrapolation der wissenschaftlichen Erkenntnisse auf die ursprünglichen menschlichen Fragen nach den Ereignissen nach dem Tode oder ob ein Tod sogar vermeidbar ist.

So viele Jahrtausende nachdem der Mensch zu seinem Bewusstsein gefunden hat, findet er sich in der Zwickmühle wieder, sich entscheiden zu müssen. Hängt er nun den Vorstellungen einer zweiten durch den Tod von unserer Welt absolut getrennten Welt an ? Damit sind im Prinzip alle Religionen einbezogen, die sich im Laufe der Geschichte herausgebildet haben.

Oder fällt seine Entscheidung zugunsten eines göttlichen Prinzips, welches im Menschen sich entwickelt und eines Tages sein Werk des ewigen Lebens vollenden kann?

Der Gedanke den Tod überwinden zu können ist ein genuin menschlicher. In allen Überlegungen ist er versteckt zu finden und bildet den Kern der Seinsfragen an sich. Die Tragik sich dieses Problems bewusst zu werden, ist die gleichzeitig das Schicksal jedes intelligenten menschlichen Bewusstseins.

Ebendiese Bewusstwerdung ist der Keim der technischen Entwicklung und der Ursprung jeder Religiosität.

Wozu die digitale biometrische Vermessung?

Am meisten stört das herrschende Element Unberechenbarkeit, wie es sich aus menschlichen Handeln ergibt, welchem *ein gegenseitiges Vertrauensverhältnis zugrunde liegt*.

Die notwendigen Zugriffsmöglichkeiten auf lebenserhaltende Infrastruktur sollen durch Digitalisierung der menschlichen Kontrolle entzogen werden. Das kontrollierende Element soll *unsichtbar*, aber wirkmächtig sein. Ähnlich einem bedrohlichen, lebensgefährlichen Virus. Ferner soll die herrschende Kraft omnipräsent und omnipotent sein und stets lenkend aus dem Hintergrund eingreifen können. Die sich aus dem alltäglichen Handeln ergebenden Impulse (social score) sollen nicht auf sichtbare, greifbare menschliche Interaktion reduzieren lassen, sondern vielmehr ein Gefühl der Ohnmacht und ständigen Überwachung erzeugen, welches bis in die letzten Winkel des menschlichen Daseins reicht. Nicht bis in die reine Gedankenwelt, aber doch soweit, dass zukünftiges Handeln antizipiert werden kann. So kann das Handeln gelenkt werden, ehe es entgleist.

Dennoch wird es in der überwachten Gemeinschaft so sein, dass Spaß- und Lebensfreunde einkehren darf, damit das herrschende System Akzeptanz finden kann.

Das Ausspionieren und Überwachen werden jedoch unsichtbare Mikrofone und Tools sein. Es wird nicht mehr notwendig sein, dass sich Denunzianten als reale Personen unter den Ansammlungen und Gesprächsgruppen befinden, denn der digitale Zugriff erfolgt lautlos und allgegenwärtig. Das Mikrophon des Smartphone ist eingeschaltet ohne dass man es merkt. Oder eine Kamera führt einen biometrischen Gesichtsscan durch, ohne dass der Betroffene davon überhaupt etwas mitbekommt. Die Infiltrierung aller Bereiche des Sozialen durch ein Übermaß an potentiellen Überwachungselementen führt dazu, dass diese Situation, bzw. Realität, als unausweichlich gesehen und zumindest die Präsenz der Überwachungssysteme hingenommen wird. Mithin wird diese Präsenz sogar als gefügestabilisierend wahrgenommen. Dies geschieht, wenn die überwachten Räume als konfliktarm und damit angenehm wahrgenommen werden.

In Anbetracht dieser Entwicklungen sei die Frage erlaubt, warum nicht einfach nur ein biometrischer Scan des Gesichts als universales Erkennungsinstrumentarium verwendet wird.

Es fehlte hier die Möglichkeit des trackings der Bewegungsabläufe, deshalb ist noch ein Übergangsprodukt z.B. Chipkarte oder Smartphone nötig. Doch die Kombination von körpergebundenen Identifizierungsmerkmal plus biometrischen Gesichtsscan lässt zumindest in dem Augenblick des Zusammentreffens beider Merkmale, eine tracking Option von dem Ort der kombinierten Erkennung bis hin zum zeitlich nächsten Ort der kombinierten Erkennung zu. Das zweite Merkmal muss nicht zwingend fest mit dem Körper des Individuums verbunden sein. Ein Uhrarmband oder Smartphone reicht völlig aus.

Wie kann dem Totalitarismus und der Massenpsychose begegnet werden?

Die Antwort ist einfach: durch die freie Handlung und die freie Tat.

Wahrhaft frei handelnde Menschen durchdringen den Schleier und die Lähmung und sind,wie sie es in der Geschichte stets waren, zu großen Taten fähig.

Die freie Tat kann nicht nur durch den kataegorischen Imperativ begründet oder legitimiert werden.

Jemand, der eine wahrhaft freie Tat ausführt ist ein potentieller Held, weil eine freie Tat, auch wenn sie nur eigennützig geschehen sollte, immer die Anmut und den Reiz des Nachahmens auf andere ausstrahlt. Die freie Tat definiert die Grenzen des Sozialen.

Deshalb steht der Held steht am Rande des Sozialen, an der Grenze zwischen Gut und Böse. Die freie Tat kann einem anderen Schaden zufügen, muss es aber nicht.

Die freie Tat ist gründend, entzündend und für den Ausführenden selbst erfüllend. Vereint sich die freie Tat und deren Zweck in dem Sinne, dass die letzte

Rechenschaft tranzendet sein muss, so vermag sie die Fessel zu zerschlagen und hinaus ins Freie zu treten.

Die neue Welt beginnt dort, wo viele Menschen damit beginnen freie Taten auszuführen. Die Ideologien der Massen und deren Manipulation können in die lichten Welten niemals eindringen, solange der König an einen Gott glaubt und mit ihm in Verbindung steht. Durch seine Taten und sein Gebet, für sich selbst und für seine Getreuen.

Die Rückkehr des wahren Königs ist auch die Rückkehr Gottes in die Mitte der Gemeinschaft.

Das meiste Geld ausgegeben und der größte Aufwand wurde betrieben: Diktaturen, Kommunismus, Demokratien, die die Saat des Totalitarismus in sich trugen.

Die Rückkehr des Königs verschiebt sie wieder zurück in ihre dunklen Spalten und Höhlen, zumindest eine Zeit lang.

.

Wie wird unser Bewusstsein erzeugt

Die Objekte, Personen und Lebewesen, die wir sehen, muss unser Verstand einordnen und verknüpfen. Wenn wir eine Wasserflasche sehen, dann denken wir: das ist etwas zu trinken. Wenn wir einen Vogel sehen, denken wir: von diesem Tier geht keine Gefahr aus.

Die herrschende Macht ist stets im Dauereinsatz uns allen eine Metabotschaft (Meta bedeutet hier: hinter etwas stehen) zu übermitteln. Nämlich *die Welt in den Augen der herrschenden Tendenz zu sehen* und somit dieser Tendenz ein Leben lang zu folgen.

Dieser Anpassungsvorgang kann Jahre dauern, wie bereits in dieser Abhandlung erwähnt, kommen durch die Wirkkraft der Eltern und Großeltern auch immer wieder die fallenden Tendenzen durch, wenn die Tendenz vorher noch nicht über drei Generationen persistent war. Ist die Sichtweise eines bestimmten Gesichtspunktes einer Tendenz jedoch dauerhaft über *drei Generationen herrschend,* so ist die alte Tendenz gefallen und die neue hat sich etabliert.

Es gilt festzuhalten, dass eine Tendenz das Bewusstsein großer Menschengruppen bestimmen und lenken will.

Kapitalismus, Christentum, Islam, Kommunismus , Demokratie, Diktaturen alle Staatsformen sind Tendenzen. Diese sind unmittelbar mit ideologischen Strömungen verknüpft, so dass auch Mischformen von Tendenzen denkbar sind. Solche Mischformen existieren dann, wenn die Tendenzen sich nicht allzu sehr widersprechen. Beispielsweise ist das Christentum stärker als der Islam mit dem Kapitalismus vereinbar, da ein Christ sich stets auf das Jenseitige zurückziehen kann, wohingegen der Moslem stets an verschiedene Handlungsweisen in der Realität gebunden ist, die eine Vermischung des Islam mit diversen anderen ihm widersprechenden Tendenzen nur sehr schwer möglich macht.

Es gibt also eine Vielzahl von Steuerungselementen, die unser Bewusstsein erzeugen und steuern. Einige dieser Elemente fallen einzelnen Personen auf und diese beginnen sodann einzelne Facetten des Geflechts zu hinterfragen. Jedoch sind die Standpunkte und Positionen so tief mit dem uns umgebenden Geflecht verbunden, dass ein neutraler, objektiver Standpunkt unmöglich ist. Denn unsere Wahrheiten ändern sich täglich. Dies geschieht gesteuert und es kann sein, dass eine Wahrheit bis zur Unerkennbarkeit entstellt wird oder gar komplett invertiert wird.

Diese kontinuierliche Verflüssigung unserer Wahrheiten und Standpunkte geschieht gezielt, um eine bestimmte Steuer- und Lenkbarkeit von großen Menschenmassen aufrecht erhalten zu können. Das Diktum eines berühmten Meinungsforschers „Es darf niemals auch nur den geringsten Zweifel darüber geben, wem der Hass und Verachtung der Gesellschaft gebührt". Weil diese Menschengruppe „schuld" ist, Schuld an dem, was das herrschende System ihnen eingebrockt hat. Diese Spiegelung des Unmuts und Hasses der Gesellschaft, welcher aus den allgemeinen Lebensbedingungen hervorgeht, muss auf andere projiziert werden, da er sonst auf die Verursacher zurück fallen würde. Deshalb sind Bürger, die sich etwa über verschwendete Steuern beschweren „Egoisten", überhaupt ist jeder ein „Egoist", der nicht mit wehenden Fahnen das herrschende System unterstützt.

Eine Gegenelite – eine neue herrschende Klasse – ist das möglich?

Eine vollständige, handlungsfähige Gegenelite ist nur sehr schwer umzusetzen. Denn so durchlässig und fluide das System der Meinungsmacht nach allen Seiten ist. So undurchdringlich, abgeschottet und geschützt sind dessen Schlüsselpositionen.

Die Schlüsselpositionen unterliegen einer gegenseitigen Überwachung auf allen Ebenen und sind gleichwie schwer aufzuweichen. Deshalb kann der erste Schritt nur sein, einen Gedanken, ein verfemtes Objekt denkbar zu machen. Der Gedanke entsteht aus einer natürlichen Notwendigkeit heraus. Ein Gedanke, der der herrschenden Meinung widerspricht entsteht aus der Not. Aus der Not, etwas denken zu müssen, obwohl es nicht gedacht werden soll. Denn es gilt: „Die Gedanken sind frei". Es geht im wesentlichen darum von einem ideologiebasierten System hinüber zu einem vernunftbasierten System zu gelangen. Der große Vorteil des vernunftbasierten Systems ist seine Realitätsbelastbarkeit.

Eine solche Gegenelite wird innerhalb des herrschenden Systems auf extremste Gegenwehr stoßen. Es gibt Beispiele, wie sich etwa komplette Stadtteile in ausländischer Clanhand befinden. Dort wird seitens des Systems nicht eingegriffen. Hingegen bei auch nur den geringsten Versuch der einheimischen Bevölkerung, etwa eigene Schulen oder auch nur Lerngruppen zu bilden, mit massivster Staatsgewalt vorgegangen wird.

Eine Gegenelite muss aufgrund dieser Tatsachen im Ausland ausgebildet und in Warteposition verharren.

Im Kochtopf

Die Atomisierung des Menschen gelang den Herrschern zunächst über die Zerstörung der traditionell gewachsenen Bindungen zwischen Religiösen Vereinigungen, Institutionen, Gruppen und schließlich Familien- und Verwandtschaftsbeziehungen. Traditionell über Generationen gewachsene Verbindungen und Werte stören die Vereinnahmung und schließlich Versklavung des Einzelnen durch ihre Gruppenschutzwirkung.

Die Hand der Herrschers wirkte über das Gesetz. Dieses zerstörte über die Jahrzehnte die traditionell gewachsenen Werte, welche auch Haltepunkte und Sicherheiten für die Psyche von Gruppen und Einzelnen gegeben hatten. Ziel ist jedoch die absolute Vereinzelung des Menschen und seine vollständige Inbesitznahme durch das vorherrschende System. Schritt für Schritt wurde alle Anker gelöst bis hin du den Grundpfeilern eines gesunden Verstandes. Tausend Sachen ließen sich nennen: Die Herabstufung der Kirche zu einem lächerlichen Ortsverein der grünen Partei, die Auflösung der Beständigkeit von Ehe und Familie. Das Vertrauensverhältnis zwischen Schülern und Lehrer, die Gleichmacherei, dort wo nichts gleich ist.

Diese Auflösung der Verbindungen dürstet nach ständigen Nachschub und weiterer Befeuerung. Gleich einem Kochtopf, dessen Inhalt verkrusten würde, stürbe die Flamme, muss die herrschende Ideologie immer weiter befeuert werden.

Jetzt, im Jahre 2024, wird auch der Bezug eines Menschen zu sich selbst angegriffen. Er wisse nun selbst nicht mehr, wer er ist und könne dies täglich ändern: Religion, Geschlechtszugehörigkeit, Beruf, Partner, Freunde, Aussehen und vieles mehr. Nun ist der Mensch ein Produkt seiner Zeit und der dieser Epoche zugehörigen Regeln und Werten. Was aber, wenn diese völlig flüchtig formuliert sind und im Grund Anti-Werte und Anti-Regeln in dem Sinne sind, dass das was gestern galt nun heute nicht mehr gilt oder wahr ist? Es ist das Gegenteil der Beständigkeit, nach der Festigkeit im Hintergrund, welche alle Menschen für eine individuelle Entwicklung brauchen.

Es folgt der Vertrauensverlust zunächst in Gruppen, dann in die Familie und schließlich an sich selbst. Im Anschluss daran kann dann die einfach gewordene Vereinnahmung durch die herrschenden Klasse mit den bereits vorbereiteten digitalen Mechanismen erfolgen. Dass die „neuen" „Werte" sich jeden Tag ändern und der Vernunft konträr festgesetzt werden wird nach einigen Gewöhnungseffekten für die meisten nicht mehr wahrnehmbar sein.

Möglich ist, dass eine Zeitlang eine solche Form der Herrschaft persistieren kann. Jedoch ist dieses Konstrukt sehr fragil, da es dem einzelnen als nicht verteidigungswürdig erscheinen muss, da Verteidigung einen Identifikationsprozess voraussetzt, der aber niemals stattgefunden hat. Zudem ist die menschliche Natur rebellisch. Dies ist ihre Grundtendenz.

Nach vielen Jahren bin ich zu der Ansicht gekommen, dass Don Nicolas das Schlusswort haben sollte:

"El hombre se nace rebelde. Su naturaleza le repugna. El hombre ansia una inmanencia divina [...]" Textos, Nicolas Gomez Davila, Anfang. Memoria Mundi, Atalanta, 2010

Der alte Mann am Meer

An den Bruchlinien des Bewusstseins verläuft eine Sehnsucht. Das Verdrängte bäumt sich auf, an den leeren Stellen des Seins. Was symbolisiert die Trennung einer Ganzheit mehr als der Strand? Die Idylle ist eine Melodie der inneren Wahrnehmung.

Die Leidenschaften der Natur weichen den Leidenschaften zum Sein an sich. Das Alter wäre traurig, wenn alleine die Leidenschaften glücklich machten.

Meine Kräfte lassen nach, so stehe ich da. Links und rechts werde ich von Engeln gestürzt.

Sein Blick weicht jetzt nicht mehr von mir. Wenn ich zurückkehre, werde ich mein Versprechen erfüllt haben, das ich einst gab, vor langer Zeit.

Literaturverzeichnis

Bostrom, N. (2018): Die Zukunft der Menschheit. Suhrkamp, Berlin

Sorgner S. (2016): Transhumanismus. Verlag Herder, Freiburg im Breisgau

F.G. Jünger (1949): Die Perfektion der Technik, Vittorio Klostermann Verlag, Frankfurt am Main

Becker E. (1997): The denial of death. Free Press Paperbacks, New York

Bostrom N., A. Sandberg (2008): Whole Brain Emulation – A Roadmap, Future of Humanity Institute Faculty of Philosophy, Oxford University

Allgemeine Begriffserklärungen der deutschprachigen Wikipedia

Titelbild

https://www.pexels.com/de-de/foto/stadt-wahrzei-chen-gebaude-mauer-20731647/

Lizenz: freies Bild, ohne Urheberrechte